엄마의
말.잘.법

「HITO NI MEIWAKU WO KAKERU NA」 TO ITTE WA IKENAI

ⓒ Nobutaka Tsubota 2021

First published in Japan in 2021 by SB Creative Corp., Tokyo
Korean translation rights arranged with SB Creative Corp.
through Shinwon Agency Co.

잔소리 육아에서 벗어나는

엄마의
말.잘.법

쓰보타 노부타카 지음 | 김지연 옮김

21세기북스

차례

🌸 🌸 🌸 🌸 🌸 🌸

2장

감정을 전달하지 못하게 하는 주문
"지금은 바쁘니까 나중에"

3장

자신감을 잃게 만드는 주문
"우리 아이는 어차피…"

시작하며

❖ ❖ ❖ ❖ ❖ ❖

"아이의 가능성을 넓혀주고 싶어요."

"아이가 원하는 길을 찾아 행복하게 살았으면 좋겠어요."

대부분 부모는 이렇게 말할 것입니다. 아이의 행복을 바라지 않는 부모는 없습니다. 물론 아이를 키우다 보면 스트레스를 받는 순간도 있습니다. 그럴 때조차도 부모는 아이의 미래가 지금보다 더 빛나기를 기대하며 애정을 담아 양육합니다. 오랫동안 학원 강사로 일하면서 많은 부모와 아이를 만나왔기에 자신 있게 단언할 수 있습니다. 그렇기에 더더욱 이 말을 꼭 하고 싶습니다.

아이를 위해서 했던 사소한 말 한마디가 도리어 독이 될 수도 있다는 것입니다.

저는 미국 대학에서 심리학을 전공한 후 이를 바탕으로 많은 학생을 지도했습니다. 제가 고안해낸 학습법으로 지도한 결과, 공부를 싫어하던 학생과 성적이 낮았던 학생의 성취도가 눈에 띄게 향상되는 것을 목격했습니다. 가장 놀라운 점은 그 아이들의 눈빛이 초롱초롱해졌다는 것입니다.

단언컨대, 사람은 말 한마디로 확 달라질 수 있습니다. 수많은 아이를 가르치면서 부모가 자녀를 위해서 한 말이 아이에게는 전혀 다른 방식으로 전해지는 경우가 많다는 것을 깨달았습니다. 아이를 사랑해서 건넨 말이 오히려 역효과를 불러온다면 이보다 더 안타까운 일은 없을 겁니다.

지금은 훈육도 힘든 시대입니다. 아이를 좀 더 자유롭게 키우고 싶어도 주변의 시선과 반응을 의식하게 됩니다.

SNS에 올라오는 양육 방식에 대한 사람들의 의견도 각양각색입니다. '지하철 안에서 애가 시끄럽게 떠든다.' '식당에서 너무 얌전하게 앉아 있는 애를 보니 가정폭력이 있는 건 아닐까 걱정된다.' 이런 글을 보고 "이것도 안 되고 저것도 안 되면, 도대체 어쩌라는 거야!"라며 일갈을 날리고 싶었던 경험도 있을 겁니다.

우리는 자신이 잘 모르는 분야일수록 타인의 시선이나 의견에 쉽게 동조하곤 합니다. 교육 문제도 예외는 아니어서 다른 이의 말에 갈팡질팡하는 부모가 적지 않은 게 현실입니다.

여기서 다시 처음으로 돌아가보겠습니다.

부모가 가장 원하는 건 '아이의 가능성을 넓혀주는 것'과 '장래에 아이가 원하는 길을 찾아 행복하게 살아가는 것'이라고 했습니다. 이제 기준을 바꾸어 '정말 아이의 장래를 위하는 것인가?'로 생각해보면 어떨까요? 그런 의미에서 보면 영어회화 학원이나 코딩 학원이 중요하지는 않을 겁니다.

부모의 말이 먼저입니다.

아이는 생각보다 부모의 한마디 한마디를 귀 기울여 듣고 있습니다. 사랑하는 부모의 말에 귀를 쫑긋 세우고 말뜻을 이해하려고 노력하는 것입니다. 그런데 부모가 의도한 바와 다른 메시지가 아이에게 전달되면 어떻게 될까요? 아이의 가능성이 넓어지기는커녕 '나만 없으면 되는데' '더 착한 아이가 돼야 하는데'라는 생각을 심어줘서 아이의 자존감을 좀먹게 됩니다. 또 '나는 안 돼' '이렇게 하면 피해를 줄지도 몰라'라며 스스로 가능성의 문을 닫아버릴 수도 있습니다.

이 책에서는 어떤 말이 아이의 가능성을 짓밟는지 미리 알아보려고 합니다.

가능성을 발견한 아이는 "공부해!"라고 잔소리하지 않아도 알아서 하게 됩니다. 부모가 재촉하지 않아도 자발적으로 움직입니다. 누가 "넌 커서 뭐가 되고 싶니?"라고 물었을 때 아이가 우물쭈물하면 부모가 "우리 ○○은 피아노를 잘 치니까 피아니스트가 될 거지?"라며 정해진 답을 주는 경우도 있지만, 가능성을 발견한 아이는 "난 이러이러한 일을 하고 싶어"라며 자기 생각을 자기만의 언어로 전달할 수 있습니다.

인터넷의 발달로 선택의 폭은 훨씬 더 늘어났습니다. 그렇지만 스스로 '선택하는 힘'과 '결정하는 힘'은 아무도 가르쳐 줄 수 없습니다. 자신의 가능성을 '믿는 힘' 역시 누가 대신 키워줄 수 없습니다.

부모가 정해준 대로 열심히 공부해서 좋은 학교에 진학한다고 해도 '스스로 선택하고 나아가는 힘'이 없는 사람은 자신이 꿈꾸는 삶에서 멀어질 수밖에 없습니다.

이 책에서는 육아의 기본이자 가장 중요한 내용임에도 간과하기 쉬운 것들에 관해 이야기합니다. 이 책이 걱정 많은 부모에게는 명쾌한 힌트를, 아이에게는 스스로 자기 인생을 선택하고 앞으로 나아가는 힘을 기를 수 있는 방향을 제시할 수 있다면 좋겠습니다.

2021년 6월

쓰보타 노부타카

서장

가능성을 짓밟는
주문에 걸린 아이들

부모라면 누구나 아이에게 어떻게 말을 전달하면 좋을지 몰라 고민한 경험이 있을 겁니다. 아이를 키우다 보면 '이거 해라, 저거 해라'라며 입이 닳도록 잔소리도 하고 '그만하라고 했지!'라며 울컥 화를 낼 때도 있습니다. 잠든 아이를 보며 좀 더 부드럽게 말하지 못한 자신을 자책한 경험, 다들 있으실 겁니다.

    또 어떤 날은 '어떻게 하면 아이가 더 큰 꿈을 갖고 의욕적으로 행동할까?'라며 고민에 빠지기도 합니다. 저는 상담을 진행하면서 이와 같은 하소연을 참 많이 들었습니다.

    그래서 처음 책을 낼 때만 해도 대학 입시를 앞둔 학생과 학부모가 주로 이 책을 읽지 않을까 생각했습니다. 그런데 실제로는 대학 입시를 치를 계획이 없는 학생(이미 입시 경쟁을 끝냈거나 입시까지 한참 남은 경우도 포함)과 학부모, 학교나 기업의 교육 담당자 등 다양한 분들이 책을 읽어주셨습니다. 그런 인연으로 저는 여러 강연회에 강사로 초대되어 전국을 돌아다니며 학원에서 만났던 것보다 더 많은 사람을 만날 수 있었습니다.

그 강연을 통해 만난 많은 부모가 자녀에게 어떻게 말해야 할지 몰라서 고민한다는 것을 알게 되었습니다.

바빠서 시간이 없거나 걱정되는 상황에서는 반사적으로 "뭐 하는 거야!" "그만 좀 하라고 했지!" "빨리해!" "공부 안 할 거야!"라며 화를 내고는 나중에 후회하는 경우가 대부분이라고 했습니다. 아울러 그때 혼을 내는 게 바람직한지 아닌지도 잘 모르겠다고 했습니다.

부모가 비록 겉으로는 화를 내더라도 속으로는 누구보다 아이가 행복하길 바라고 있다는 것을 저는 잘 알고 있습니다.

"우리 애는 왜 이걸 못 할까?" "얘는 왜 내 맘을 몰라줄까?"라며 짜증을 내는 순간에도 변함없이 아이의 행복을 바라는 게 부모 마음입니다. 부모들과 만나는 자리에서 이런 이야기를 전해 들을 때마다 어떤 상황에서든 진심으로 아이를 아끼는 마음이 전해져서 감동한 적도 많습니다.

저 역시 아이를 가르치는 사람이기 전에 아이를 키우는 부모입니다. 모든 부모의 마음은 늘 같습니다. 그렇기에 저는 자녀를 키우는 부모, 그리고 아이를 양육하는 자리에 있는 모든 분께 이 말을 꼭 하고 싶습니다. 습관적으로 쓰는 말 한마디가 소중한 아이의 가능성을 빼앗아 갈 수도 있습니다. 이 책에서는 그런 이야기를 하려고 합니다.

'못하는구나'라는 말이
못하는 아이를 만든다

아이가 형편없는 점수의 시험지를 가져왔다고 가정해봅시다. 시험 점수를 보고 깜짝 놀란 엄마에게서 "넌 수학을 이것밖에 못 해!"라는 말을 들은 아이는 '나는 수학에 재능이 없어'라는 생각에 빠지기 쉽습니다.

아이러니하게도 그런 말을 들은 아이는 "넌 수학을 못 할 거야"라는 주문에 걸린 사람처럼 그 캐릭터에 맞게 생각하고 행동하면서 살아갑니다. (이 내용은 심리학과 연관된 것이므로 3장에서 자세히 설명하겠습니다.)

거기다 부모의 한숨과 따가운 시선까지 보태지면 아이에

게 더 큰 부정적인 메시지가 전달되어 무력감과 함께 '난 안 돼'라는 자신을 부정하는 감정이 생겨납니다.

똑같이 점수가 낮은 시험지를 들고 왔더라도 정답을 맞힌 부분에 주목하면서 아이에게 "이 부분을 잘 이해하고 있구나"라고 말해주면 어떨까요? 아이는 자신이 인정받았다는 사실에 기뻐합니다. 노력을 인정받은 경험은 다음에는 더 열심히 해야겠다는 학습 의욕으로 이어집니다.

틀린 문제를 아이와 같이 확인하면서 "이 부분이 어려웠구나" "여기만 고치면 다음에는 더 잘할 수 있겠다"라고 말해주면 '점수가 낮은 시험지'가 아이의 보물로 바뀝니다. 이 시험지는 성적을 끌어올릴 수 있는 특효약입니다. 제대로 이해하지 못한 부분과 어쩌다 공부를 안 하고 빼먹은 부분에서 출제된 문제이므로 그 부분만 집중적으로 공부하면 성적은 분명 오르게 되어 있습니다.

'수학에 재능이 없네'라고 푸념할 것인가, '이 부분을 열심히 했구나'라고 응원할 것인가.

이 한 끗 차이가 아이의 자신감과 다음 행동에 변화를 불러옵니다. 아이들은 안 보는 것 같아도 부모의 반응을 지켜보고 있습니다. 반복되는 부모의 반응이 아이의 사고와 행동을 좌우합니다.

제 첫 책의 주인공인 사아카는 학년 꼴지로 시작해 명문대에 합격했습니다. 처음에는 그 역시 "게이오대학은 절대 불가능해요!"라며 웃어넘겼습니다. 하지만 저는 결코 '불가능'이라는 말을 입 밖에 내지 않았습니다. 무조건 공부하라고 윽박지르지도 않았습니다. 그 대신 "게이오대학에 들어가면, ○○ 같은 사람을 만날 수 있어"라고 말했습니다. (○○에 관해서는 뒤에서 다시 이야기하겠습니다.) 그러자 사야카의 표정이 확 펴지더니 "그럼 게이오대학을 목표로 해볼까요?"라며 열심히 공부하기 시작했습니다. 사야카는 1년 만에 표준 점수를 40이나 올리며 보란 듯이 게이오대학에 합격했습니다.

여러분은 지금까지 아이의 가능성을 짓밟은 적이 한 번도 없다고 자신 있게 말할 수 있습니까?

어른 말이 아이의 미래를 좌우한다

부모의 말은 아이의 인생을 좌우할 만큼 큰 영향을 준다고 말했습니다. 어른이라고 예외는 아닙니다.

최근 제 지인 중에 전직한 사람이 있어서 직전에 근무했던 회사에 관해 물어본 적이 있습니다. 순간 그의 표정이 굳어졌습니다. 그 사람은 다른 회사로 옮기겠다는 말을 꺼냈다가 사장에게 '배신자'라며 엄청나게 욕을 먹고 나서 스스로 '아무것도 모르는 나를 거둬준 회사를 배신했다'라는 착각에 빠져 버렸습니다. 그 회사에서 사장의 오른팔이라고 불릴 정도로 우수한 직원이었기에 사장 입장에서는 충격을 받았을지도 모르지만, 회사를 그만둔 지 5년이나 지났는데도 자신은 배신자라는 생각에서 헤어나지 못하고 있는 모습을 보니 매우 안타까웠습니다. 실력도 출중하고 인품도 훌륭한 사람인데 자존감은 바닥이 되었던 것입니다.

리크루트는 근무하던 사원이 퇴사할 때 '졸업'이라는 멋진 표현을 쓴다고 합니다. 퇴사자를 '배신자' 취급하는 회사가 있는 반면, 리크루트처럼 '졸업생'이라고 부르며 그들을 귀하게 여기는 문화를 만들어가는 회사도 있습니다. 졸업생이 모교에 애착을 느끼듯 이 회사에서 근무했던 사람들도 전 직장에 애착을 가지고 회사의 장점을 널리 알렸더니 결과적으로 훌륭한 인재가 모이는 선순환이 만들어졌습니다. 요즘은 이전에 근무했던 회사의 문제점을 SNS에 올리거나 내부 사정을 폭로해 문제가 되는 일도 있습니다. 그러니 '배신자' 취급해서 좋을 건 하나도 없습니다.

퇴사라는 동일한 상황을 어떻게 표현하는지에 따라(그 말에 담긴 감정까지 포함하여) 회사의 미래는 확연히 달라집니다. 어른에게도 큰 영향을 줄 수 있는 말 한마디, 아이들의 경우는 말할 필요도 없을 겁니다.

부모의 말이
사고와 인지를 형성한다

　조금 다른 이야기입니다만, 부모의 말에는 아이의 인지 방식(사물을 대하는 시각)을 바꾸는 힘이 있다는 것을 꼭 기억해 주시기 바랍니다.

　여러분은 패스트푸드 체인점 '맥도날드'를 어떻게 부르시나요? '맥도날드'라고 하는 사람도 있고, 줄여서 '맥'이라고 부르는 사람도 있을 겁니다. 둘 다 같은 가게를 가리키는 말이지만, '맥도날드'가 익숙한 사람은 "맥 안 갈래?"라는 말을 들었을 때 어색한 느낌을 받습니다.

　이것은 동일한 대상을 가리키는 말이라도 '말투'나 '발음'

이 자신과 다르면 어색함을 느끼고 반발심이 생기는 등 심리 상태에도 영향을 받는다는 것을 나타내는 예입니다.

사투리도 마찬가지입니다. 사람은 자신이 태어나고 자란 지역의 언어를 흡수하고 주위 사람들이 쓰는 말을 똑같이 따라 씁니다. 같은 사투리를 쓰는 사람들끼리는 동료 의식이 싹트고, 남들은 다 사투리를 쓰는데 혼자만 표준어를 쓰게 되면 소외감을 느끼는 등 심리 상태에 영향을 받습니다.

이러한 '말투'나 '발음'은 대체로 부모로부터 물려받습니다. 아이는 부모의 입에서 나오는 단어를 듣고 학습하며 흡수합니다. '사고'와 '인지'는 언어에 의해 형성됩니다. '부모의 말'이 아이의 사고방식과 세상을 바라보는 눈을 만든다고 해도 과언이 아닙니다.

20년쯤 전부터 '힘내'라고 말하면 안 된다는 풍조가 생겨나기 시작했습니다. 이미 온 힘을 다하고 있는 사람에게 '힘내'라고 하는 건 그 사람에게 남아 있는 마지막 에너지까지 모두 짜내라는 말과 다름없다는 이유에서입니다. 그전까지는 격려의 마음을 담아 가볍게 '힘내'라고 할 수 있었지만 지금은 왠지 좀 주저하게 됩니다.

아닌 게 아니라 짖 먹던 힘까지 짜내 애쓰는 사람에게 습관처럼 '힘내'라고 하는 건 바람직하지 않습니다. 번아웃 기미가 보이는 사람에게도 미찬가지입니다. 더 이상 힘을 낼 수 없다고 신호를 보내는 사람에게 그렇게 말해서는 안 됩니다.

그런 상황이 아니라는 전제에서 쓰는 '힘내'라는 말에는 격려와 함께 '노력이 보상받기를 바란다'는 마음이 담겨 있습니다. 마라톤 대회에 참가한 선수에게 깃발을 흔들며 '힘내'라고 소리치는 건 '더 노력해!'라는 뜻이 아닙니다. 응원하고 있다는 마음의 표현입니다. 애당초 힘내라는 말을 듣고 눈을 흘기는 사람은 거의 없습니다.

그러나 '맥'이라는 표현을 싫어하는 사람이 있는 것처럼 힘내라는 말을 부정적으로 받아들이는 사람도 있을 수 있습니다. 만약 부모가 '힘내'라는 말을 '어디 한번 해보든가(어차피 너는 안 되겠지만)'라는 뉘앙스로 사용하거나 '더 힘을 냈어야지!'라며 강압적으로 사용했다면 어떨까요? 부모가 어떤 식으로 말했는지에 따라 아이가 받아들이는 이미지는 백팔십도 달라집니다. 순수하게 격려의 의미로 받아들일 수도 있고, 닦달하는 말로 받아들일 수도 있습니다.

유아기에 들은 단어의 수가 아이의 미래를 결정한다

『부모의 말, 아이의 뇌』*는 유아기에 아이가 듣는 말의 중요성에 관해 이야기하는 책입니다. 이 책에는 '3000만 단어의 격차'라는 말이 나옵니다. 1990년대 사회학자 베티 하트와 토드 리즐리의 연구에서 가져온 말인데, 이 연구로 두 사람은 가난한 가정에서 자란 아이가 세 살까지 듣는 단어의 수는 사회적으로 성공한 가정의 아이에 비해 3000만 단어가 부족하다는 것을 알아냈습니다.

책의 저자 데이나 서스킨드 박사는 청각장애 아동의 듣는 능력을 돌려주는 인공와우 수술의 권위자입니다. 서스킨드 박사는 아이가 어릴 때 청력을 회복하면 말을 이해하고 평범하게 살 수 있을 거라 예상했습니다. 그런데 그렇지 않은 사례가 있었습니다.

두 명의 아이가 생후 7, 8개월이라는 비슷한 시기에 인공와우 수술을 받았습니다. 청력을 회복한 후, 한 아이는 초등학교 3학년 때 일반적인 읽고 쓰기가 가능해졌지만 다른 한 아이는 유치원생 수준까지밖에 도달하지 못했습니다. 서스킨드 박사는 이런 차이가 발생하는 원인을 찾기 위해 '3000만 단어의 격차' 연구에 관심을 갖게 되었습니다. 결과부터 말하자면 후자의 경우, 가정에서 듣는 단어의 수가 압도적으로 적었습니다.

✳ 『부모의 말, 아이의 뇌』, 데이나 서스킨드 외 지음, 최다인 옮김(부키, 2022년)

언어를 흡수하는 두뇌가 성장하는 시기에 청력이 회복되더라도 '풍부한 언어 환경'이 뒷받침되지 않으면 결국 두뇌는 발달할 수 없습니다.

부모와 주위 어른들이 아이에게 말을 걸어주지 않는 정적만 흐르는 공간에서는 언어를 제대로 학습할 수 없습니다. 언어 능력이 부족하면 평생 큰 고통 속에서 살아가게 됩니다.

그렇다고 아이가 듣는 단어의 수만 많다고 다 좋은 것은 아닙니다. 연구 결과를 통해 사회적으로 성공한 가정에서는 다양한 어휘를 사용할 뿐만 아니라 칭찬과 격려, 긍정의 말을 더 많이 주고받는다는 사실을 알 수 있었습니다.

부모가 사용하는 단어의 양과 질이 아이의 미래를 결정한다고 해도 결코 과언이 아닙니다.

가능성을 빼앗는 말들
'대항 금지 명령'과 '13가지 금지령'

그렇다면 도대체 어떤 말을 써야 할지 궁금하시죠? '대항 금지 명령'과 '13가지 금지령'이 힌트가 되어줄 것입니다.

말로만 '아이가 하고 싶은 걸 하면 좋겠다'라고 하기

앞에서 부모라면 누구나 아이가 행복하게 살길 바란다고 말했습니다. "아이는 언제 행복할까요?"라는 질문에 대부분의 부모는 "아이가 원하는 걸 할 때죠"라고 대답합니다. 이 말에는 부모가 원하는 대로가 아니라 아이가 <u>스스로</u> 원하는 삶을 선택하길 바란다는 마음이 담겨 있습니다.

"아이가 하고 싶은 걸 하면서 살았으면 좋겠다"라고 말하는 부모 중에는 자신은 부모에게 휘둘리며 살아왔지만 내 아이만은 절대로 그렇게 살게 하고 싶지 않다고 결심한 사람도 있을 것입니다. 그런 마음이 진심이 아니라고 의심할 생각은 추호도 없습니다.

하지만 실제로는 "아이를 억압하고 싶지 않다"라고 말하는 **부모일수록 아이를 억압하는 경우가 많습니다.**

그런 환경에서 자란 아이는 상담하는 과정에서 내내 부모의 눈치를 살핍니다. 그런 행동을 통해 아이가 스스로 결정을 내리지 못하는 환경에서 자랐다는 걸 바로 알아차릴 수 있습니다. 심지어 제가 지도하는 중에도 "부모님께는 뭐라고 하면 될까요?"라고 되묻는 아이가 더러 있었습니다.

아이를 억압하려는 의도가 없더라도 무의식적인 반응이나 말로 아이를 속박하기도 합니다. 무의식적이라서 더 위험합니다. 자기도 모르는 사이에 아이의 행동을 통제하고 가능성을 짓밟는 결과를 낳기 때문입니다. (극단적인 예일지 모르지만, 자신이 그렇다는 사실을 인식하지 못해 황혼 이혼 위기에 놓였을 때조차 상황을 받아들이지 못하고 화만 내는 폭군 남편도 많다고 합니다. 이는 같은 경우로 볼 수 있습니다.)

진심으로 아이가 행복하게 살기 바란다면 어떻게 하면 좋을까요? 심리학에서 말하는 '대항 금지 명령'을 알아두면 도움이 됩니다.

부모는 아이가 세상에 태어난 순간부터 아이에게 갖가지 통제와 금지 조항을 만들게 됩니다. 물론 이것 자체는 문제가 되지 않습니다. 아이가 제대로 사회생활을 하고 행복하게 살 수 있도록 필요한 규칙과 가치관을 가르치는 것은 부모의 중요한 역할이기 때문입니다. 부모가 아이에게 전달하는 금지 명령을 '대항 금지 명령' 혹은 '금지 명령'이라고 합니다.

아무거나 입에 넣으면 안 된다, 놀이가 끝났으면 주변을 정리하자, 다른 사람과 함께 있는 장소에서 시끄럽게 떠들면 안 된다, 음식은 감사한 마음으로 먹어야 한다 등등 셀 수 없이 많은 금지 명령을, 아이가 말을 알아듣지 못하는 어릴 때부터 표정이나 몸짓 등으로 전하기 시작합니다. 이러한 명령은 아이가 스스로 판단할 수 있는 능력이 생기기 전에 주입되므로 아이의 인격 형성을 비롯해 인생 전반에 크나큰 영향을 끼치게 됩니다.

부모가 유아기 자녀에게 정의하는 '대항 금지 명령' 중 다음에서 언급하는 다섯 가지는 특히나 더 유의해야 합니다. 미국의 임상심리학자 타이비 칼러는 이를 '드라이버'라고 불렀습니다. 드라이버란 '특징 행동을 하도록 하는 장치'라는 뜻입니다. 유독 강박적으로 '반드시 이렇게 해야만 한다'라고 생각하게 하는 메시지가 대표적입니다.

대항 금지 명령

1 완벽을 기해라

여러 번 반복해서 확실히 하라고 당부하거나 '제대로 안 하면 인정하지 않겠다'라는 태도에서 전해지는 메시지. 이런 드라이버를 가진 사람은 자신은 물론 타인에게도 엄격해서 남의 결점을 잘 찾아낸다. 스스로 완벽하지 않다고 생각되면 불안감과 조바심을 느낀다.

2 다른 사람을 위해야 한다

힘들고 슬플 때도 웃어야 한다는 태도에서 전달되는 메시지. 다른 사람에게 친절을 베풀지 않거나 기쁨을 주지 못하는 자신은 가치가 없다고 생각한다. 이런 드라이버를 가진 사람은 자신의 감정보다 타인의 감정을 우선시한다.

3 노력해라

최선을 다하라는 말을 반복적으로 듣고 끊임없이 노력할

것을 강요받을 때 전달되는 메시지. 열심히 하지 않으면 인정받지 못한다고 생각한다. 즐겁게 놀거나 편히 쉬지 못한다.

4 강해져라

울지 마, 참아, 그 정도는 아무것도 아니야, 아픈 게 아니야 같은 말을 계속 들을 때 전달되는 메시지. 감정 표현이 서툴고 자신의 강인함을 강조하려고 한다. 남에게 약한 모습을 보이기 싫어하고, 잘 울거나 남에게 의지하는 경향이 있는 사람을 경멸한다.

5 서둘러라

빨리해, 빨리빨리 같은 말을 반복적으로 들을 때 전달되는 메시지. 잠시도 가만히 있지 못하고 계속 몸을 움직인다. 시간이 없다는 말을 입에 달고 살고, 일정이 꽉 차 있지 않으면 불안해한다.

부모 입장에서는 아이가 자라서 원만한 사회생활을 하고 행복하게 살아가기 위해 꼭 필요하다고 생각해서 전달하는 메시지로, 이런 말 자체는 아무 문제가 없습니다. 그러나 정도가 지나치면 아이를 힘들게 만듭니다.

이런 대항 금지 명령에 지금부터 소개할 '13가지 금지령'

이 결합하면 아이의 사고와 행동을 한층 더 속박하게 됩니다. 예를 들어 '다른 사람을 위해야 한다'와 '있을 필요가 없어'가 결합하면 '다른 사람을 위하지 못하면 있을 필요가 없다'라는 심각한 구속의 말이 만들어집니다. 그러면 아무리 힘들어도 자기감정은 무시하고 다른 사람을 기쁘게 하기 위해 필사적으로 노력하게 됩니다.

13가지 금지령

1 있을 필요가 없어

'너만 없었으면'이라는 말을 들은 아이는 자신을 불행의 씨앗이라고 여겨 '나는 살아갈 가치가 없다'라는 생각을 가슴에 새기게 된다.

2 아무것도 하지 마

'넌 아무것도 안 해도 되니까 그냥 앉아 있어'와 같이 부모가 지나치게 통제하거나 반대로 과잉 간섭을 받으며 자란 아이는 스스로 생각하는 습관이 배어 있지 않기 때문에 성인이 된 후에도 누군가의 '지시'를 기다리는 사람이 된다. 적극성이 부족하고 타인의 의견을 맹종하는 경향을 보인다.

3 이대로 있어

'엄마가 다 해줄게. 너는 지금처럼만 있으면 돼'와 같이 부모의 과보호 속에서 어리광쟁이로 자란 사람은 '이대로 아무것도 하지 않는 게 낫다'라는 생각에 빠지기 쉽다.

4 감정은 중요하지 않아

'참아' '괜찮아' 등 지나치게 참으라고 강요받거나 부모에게 무시당하면서 자란 아이는 자신의 욕구와 감정을 억누르려는 경향을 보인다. 감정을 솔직하게 드러내지 못하고, 매사에 무관심하고 무감각해진다.

5 네가 아니어야 했어

'실은 딸을 낳고 싶었는데' '여자는 손해야'와 같이 성별과 정체성 등을 부정하는 말을 자주 들으며 자란 아이는 주위의 평가와 상식에 좌지우지되기 쉽다.

6 어린애처럼 굴지 마

'네가 형이니까 참아야지' 같은 말로 자립을 강요당하고 자유를 억압받으면서 어린 시절을 보낸 사람은 지나친 책임감에 시달리게 된다. 또 고지식한 사람이 되기 쉽다.

7 가까이 오지 마

'지금은 바쁘니까' '나중에' '조용히 해' 같은 말로 부모와 거리감을 느끼거나 대화를 거부당한 아이는 뭐든지 참아야 한다는 생각에 고민거리가 있거나 스트레스가 쌓여도 털어놓지 못하고 혼자 해결하려고 한다.

8 생각하지 마

'잠자코 듣기나 해' '말대꾸하지 마'라며 위압적이고 신경질적인 부모 밑에서 자란 아이는 스스로 생각하기를 포기하게 된다. 또 논리적으로 생각하거나 냉정하게 판단하지 못하는 사람이 되기 쉽다.

9 성공하지 마

잘했을 때는 칭찬받지 못하고 실패했을 때만 위로와 격려를 받은 아이는 '나는 성공할 수 없는 사람이구나'라는 잘못된 고정관념을 갖게 되어 자신을 과소평가하게 된다.

10 원하는 걸 말하면 안 돼

부모가 경제적인 문제로 힘들어하고 인내하는 모습을 계속 봐온 아이는 자신의 욕구를 솔직히 말하지 못한다. 자기감정을 죽이고 남에게 무조건 양보한다. 자신도 상황이 어려운

데 남에게 이것저것 선물하고, 돈을 빌려달라는 부탁을 거절하지 못하게 된다.

11 건강하면 안 돼

아이가 아플 때만 다정하게 대하거나 몸이 약한 형제자매만 신경 쓰는 부모 밑에서 자란 아이는 질병, 부상, 돌발 행동 등으로 부모의 관심을 끌려고만 하며, 자신의 건강에 무관심해진다.

12 중요한 사람이 되면 안 돼

뭘 하든 부모가 뜨뜻미지근하게 반응해서 인정받지 못했다고 느낀 아이는 '나는 중요한 사람이 되면 안 되는구나'라는 생각에 빠지기 쉽다. 점차 눈에 띄지 않으려 하고 책임감 있는 역할을 맡지 않으려고 한다.

13 소속되면 안 돼

'쟤랑 놀면 안 돼' '쟤랑 놀아'라는 말로 부모가 아이의 친구를 정해주면 아이는 또래 아이들과 자연스럽게 어울리지 못하며, 결국 또래에 녹아들지 못하고 혼자 겉돌게 된다.

보신 것처럼 말뿐 아니라 '반응'도 충분히 메시지가 됩니다. 흠칫 놀란 분도 많을 겁니다. 사실 이러한 부정적인 표현과 무관하다고 말할 수 있는 사람은 거의 없을 것입니다. 그러면 안 된다는 걸 알면서도 불쑥 말해버릴 때도 있고, 아이를 위한다고 생각해서 말할 때도 있을 겁니다.

어느 쪽이 됐든 알게 모르게 아이를 속박해서 아이의 자존감을 떨어뜨리고 스스로 판단하고 결정하는 능력을 빼앗는 결과를 낳는다는 것을 이해하셨으리라 생각합니다.

부모는 "아이의 가능성을 넓혀주고 싶다"라는 말을 자주 합니다. 열심히 공부해서 좋은 대학에 들어가길 바라는 것도 학력이 아이의 가능성을 넓혀줄지 모른다고 생각하기 때문일 겁니다.

하지만 아무리 많은 선택지를 주고 가능성을 넓혀준다 한들 아이가 스스로 선택하는 능력을 갖추지 못하면 무의미합니다. 스스로 선택하는 능력을 기르려면 '나는 가치 있는 사람이다'라는 자극이 꼭 필요합니다.

지금은 선택지가 정말 많습니다. 가치관도 다양하므로 무조건 '명문대를 졸업하고 대기업에 취업하는 것'이 최고라고 단정할 수도 없습니다. 일찍부터 벤처기업을 차려 사업을 시작하거나, 유튜버처럼 자기가 좋아하는 분야의 영상을 제작하며 경제활동을 시작하거나, 돈벌이보다는 친구와 모든 것을 공유하며 아무것도 소유하지 않고 살아가는 삶을 선택하는 방식도 있습니다. 이제는 인터넷과 기술의 발달로 거주지에 집착할 필요도 없습니다. '나는 이러이러한 방식으로 살고 싶다'라고 결정만 내리면 예전보다 훨씬 쉽게 그 꿈을 실현할 수 있는 시대가 도래했습니다.

그러나 다양한 선택지에 맞춰 여러 가지 기술을 연마했다 하더라도 실제로 그 기술을 써먹지 못하면 돼지 목의 진주나 다름없습니다. 자기 의견을 표현하지 못하고 입 다물고 있는 사람이 원어민 수준의 영어 실력을 갖추고 있다 한들 무슨 소용이 있을까요? 여러 가지 무기를 갖추고 있어도 제대로 사용할 줄 모르고 남이 시키는 대로만 한다면 무슨 의미가 있을까요? 마치 스마트폰에 온갖 앱을 받아놓고도 쓰지 않는 것과 같습니다.

중요한 것은 선택지의 유무가 아니라 실제로 사용할 수 있는 능력이 있느냐 없느냐입니다.

이제 금지령이 아이를 속박한다는 사실을 알았으니 앞으로는 아이가 스스로 판단하고 행동할 수 있게 도움이 되는 말을 해줄 수 있을 것입니다. 아이에게 해서는 안 되는 말을 어떻게 바꿔야 할지 좀 더 구체적으로 살펴보겠습니다.

인공지능, 글로벌화
그리고 우리의 숙제

　새로운 시대에 맞는 자녀 교육은 단연 뜨거운 화제입니다. 급격한 세계화와 인공지능과 같은 기술의 발달에 채 익숙해지기도 전에 가치관이 변하는 것을 몸으로 느끼고 있기 때문일 것입니다. '지금까지 하던 방식으로 키우면 안 될 것 같은데'라며 불안해하는 것도 충분히 이해가 됩니다. 실제로 교육 현장에서도 큰 변화가 일어나고 있습니다. 성실하게 수업을 듣고 교과서를 암기해서 좋은 점수를 받으면 그만이라고 생각하는 것은 낡은 사고방식이 되었습니다.

　그렇더라도 저는 교육의 본질은 절대 바뀌지 않는다고 믿습니다. 급변하는 시대에서 그 무엇보다 중요한 점은 본질로 돌아가는 것입니다.

이 책에서 제가 하고 싶은 말을 한마디로 하면 '하지 마!'라는 말로 아이를 제한하지 말고 그 아이에게 맞는 가능성을 보여주자는 것입니다.

이게 바로 교육의 본질이건만 현실은 본질과 반대의 길을 가고 있습니다. 이것도 안 된다, 저것도 안 된다고 하며 아이의 가능성을 짓밟고 있습니다.

세계화와 기술의 발달은 오히려 한 개인의 모든 것을 데이터화하고 노출되기 쉬운 상태로 만들었습니다. 정보 기술이 발달하면서 개인의 사생활, 취미와 기호 등은 손쉽게 데이터로 전환되고 있습니다. 직업은 무엇인지, 휴일에는 어디에서 시간을 보내고, 누구와 어울리며, 쇼핑은 어디서 하고, 어떤 장르의 영화를 선호하는지와 같은 정보도 지금은 SNS를 통해 바로 알아낼 수 있습니다. 인터넷 쇼핑 이력도 관리 가능한 정보 중 하나입니다. 요컨대 원하기만 하면 한 개인의 정보는 순식간에 검색이 가능하며, 그에 따른 영향은 자신의 거주 지역뿐만 아니라 전 세계로 확산돼 자칫하면 '노출'될 위험을 안고 살아가는 사회가 되고 있다는 말입니다.

이러한 사정 때문인지 현대 사회는 점점 더 '분위기를 읽을 줄 알아야 한다'는 생각이 강해지고 있는 것 같습니다.

아시아, 특히 한국인과 일본인은 분위기 파악을 잘하는 것으로 알려져 있습니다. 말로 하지 않아도 눈치 있게 요령껏 행동하는 것을 좋은 문화로 여기는 환경에서 성장하기 때문일 것입니다. 미국의 문화인류학자 에드워드 홀은 이처럼 서로의 의도를 헤아리며 커뮤니케이션이 가능한 문화를 '하이콘텍스트 문화'라고 부릅니다. (그에 반해 유럽처럼 언어로 커뮤니케이션하는 문화는 '로콘텍스트 문화'라고 부릅니다.)

미리 말하지만 이런 식의 분류는 전 세계에서 통용되는 기준이 아닙니다. 대학 시절 친하게 지냈던 미국인 친구가 제 생각을 이해하지 못해서 무척 답답했던 적이 있습니다. '왜 이해를 못 할까? 이런 건 이심전심 아닌가?' 하는 마음에 영어로는 '이심전심'을 뭐라고 하는지 궁금해서 사전을 찾아봤더니 '텔레파시'라고 하더군요. 상대방에게 초능력을 기대했다는 사실에 어처구니가 없어서 헛웃음만 나왔습니다.

글로벌 시대에는 하이콘텍스트, 다시 말해 공통의 가치관과 체험, 지식 등을 바탕으로 분위기를 읽어낼 수 없습니다. 가치관이며 체험과 지식도 전부 다른 사람들이 모인 자리에서 심중을 파악하고 의도를 헤아리기란 불가능합니다. 그러므로 앞으로는 콘텍스트에 의지하지 말고 언어와 표현력, 합리적인 사고, 협상 능력 등을 포함한 커뮤니케이션 능력을 키워나가야 합니다. 그런데 아이러니하게도 최근에는 '분위기

파악 좀 해라' '쓸데없는 짓은 하지 마라' '괜히 나서지 마라'
와 같은 풍조가 더 짙어지고 있습니다.

제가 이 책을 쓰기 시작한 시기는 코로나 확산을 막기 위
한 첫 번째 긴급 사태 선언으로 어수선했던 때와 겹칩니다.
그때도 '눈치껏 분위기를 파악하고 자숙해라'라는 압박감이
대단히 컸습니다. 정보를 찾아보고 스스로 판단해서 이건 자
제하자, 이건 해도 괜찮겠다, 하고 선을 긋는 것이 원래 '자숙'
의 의미일 텐데, 그때는 '전체 분위기를 보고 자숙해라'라는
느낌이 강했습니다.

계속 이런 식으로 나가도 괜찮을까요?

아마 많은 부모가 자신의 아이에게 "밖에 나가면 안 돼"
"모두 참고 있으니 너도 참아"라고 말했을 겁니다. 코로나가
무서운 바이러스라는 사실보다 은연중에 아이에게 '분위기
파악을 못 하면 큰일 난다'라는 메시지를 전하고 있었던 건
아닐까요? 아이에게 말할 때는 "코로나 확진자가 늘어나서
의사 선생님이 힘드셔. 코로나에 걸려서 죽은 사람도 있대. 넌
어떻게 하고 싶니?" "병원도 식당도 힘들다는데, 네가 할 수
있는 일은 뭐가 있을까?"처럼 그 상황에 대해 같이 생각해볼
만한 주제로 대화를 시도하는 것이 바람직합니다.

불안과 공포 대신 설렘을 선물하는 말

최근에는 여기저기서 '공포 소구Fear Appeal'를 사용하는 일이 흔해졌습니다. 공포 소구란 어떤 행동을 하게 하거나 반대로 제한하고 싶을 때 유효한 심리적 기법입니다. "아기 피부는 이렇게 민감합니다. 일반 화장품을 사용하면 어떻게 될지 몰라요. 그러니까 꼭 이 제품을 사용해야 합니다"처럼 불안과 공포를 부추기며 소비 욕구를 불러일으키는 광고가 이에 해당합니다. 사람은 쾌락을 추구하는 행동보다 공포나 고통에서 벗어나기 위해 행동할 때 더 강력한 에너지가 나온다고 합니다. "이렇게 하면 편안한 미래가 보장됩니다"라는 말보다 "이대로 가면 비참한 노년을 보낼 수도 있습니다"라는 말이 어떤 행동을 하게 하거나 통제하는 데 훨씬 효과적이라는 말입니다.

하지만 불안과 두려움을 느끼면서 기분 좋은 사람은 없습니다. 결과적으로 어떤 행동을 취했다 하더라도 그건 본인이 자발적으로 선택했다기보다 '강요받은 행동'에 해당하기 때문에 자존감은 향상되지 않습니다. 오히려 더 떨어집니다.

앞에서 언급했던 중소기업의 사장도 "지금까지 키워준 은혜도 모르고 우리 회사를 떠나는 배신자는 잘될 리가 없어"라며 공포 소구를 사용했습니다. 사원은 용기 내어 이직을 선택

했지만 자존감이 떨어지고 말았습니다. 사장과 사원, 둘 다 좋은 결과를 얻지 못했습니다.

물론 부모는 아이에게 겁을 주려거나 아이의 자존감을 떨어뜨리려는 의도가 아니라 걱정돼서 그런 말을 사용한다는 걸 잘 알고 있습니다.

그러나 위험을 피하는 방법을 아무리 설명해도 아이의 눈은 반짝이지 않습니다. 아이의 눈빛이 반짝이는 건 가능성을 느끼는 순간입니다. "영어를 못하면 사회에 나가서 활약할 수 없어"라고 백날 말해봤자 아이가 느끼는 설렘은 제로에 가깝습니다. "영어를 할 수 있으면 여러 나라의 친구를 사귈 수 있어"라거나 "네가 만든 작품을 영어로 발표하면 전 세계 사람들이 다 볼 수 있겠지?"라고 말해주면 아이의 눈이 초롱초롱해질 것입니다. 뒤에서 다시 이야기하겠지만 아이의 가치관에 맞춰서 말하는 것이 중요합니다. 저는 그런 방법으로 여태 무관심한 태도로 일관하던 아이의 눈빛이 반짝이는 순간을 여러 번 목격했습니다.

기업에서 인재를 육성할 때도 마찬가지입니다. 얼마 전에 상장기업의 대표와 촉망받는 젊은 사원과 함께 식사할 기회가 있었습니다. 그 자리에서 해당 업계의 신규 비즈니스에 관한 아이디어를 물어보길래 머릿속에 떠오르는 대로 대답했습니다. 그러자 젊은 사원의 눈빛이 확 달라지는 걸 알 수 있었습니다. "와, 생각지도 못한 발상이네요! 저도 더 분발하겠습니다!"라며 흥분 상태로 제 이야기에 귀를 기울여주었습니다. 그건 제 아이디어가 뛰어나서가 아니라 미래의 가능성에 관한 이야기(실현할 수 있을지 없을지는 모르는 이야기)인 데다, 그 젊은 사원이 새로운 도전을 중요하게 생각하는 사람이었기 때문일 것입니다. 저도 기분이 좋아져서 분위기가 고조되었습니다.

그런데 대표가 옆에서 "그나저나 자네도 이제 슬슬 가정을 꾸려야지. 결혼하고 나면 책임감도 생기고…"라며 찬물을 끼얹는 게 아니겠습니까? 농담이 아니라 진짜로 그렇게 말했습니다. 이렇듯 악의는 없지만 행동을 통제하는 말을 툭툭 내뱉는 사람이 실제로는 많이 있습니다.

말을 바꿔 업그레이드하자

저는 '중도'를 선호하는 문화나 이심전심의 문화도 좋아합니다. 성실하게 한 가지 일에 몰두하여 장인의 경지에 이르는 것은 또 얼마나 멋진 일입니까. 그러나 과거의 문화를 선호한다고 해서 정보화와 세계화가 하루가 다르게 진행되는 요즘 같은 시대에 이대로 멈춰 있어도 된다는 말은 아닙니다.

이심전심도 이어 나가면서 동시에 세계의 흐름에 뒤처지지 않도록 자기주장을 펼치고 능동적으로 선택하고 행동하는 문화로 업그레이드해야 합니다. 세계의 흐름에 발을 맞추지 못해 리더십을 발휘할 기회와 장점을 어필할 기회를 상실하고 행복 지수까지 떨어진다면 얼마나 안타깝겠습니까.

우리는 수업 시간에 손을 들고 발표하는 것도 꺼립니다. 그나마 초등학생 때는 "저요!" 하며 힘차게 손을 들기도 하지만, 학년이 올라갈수록 점점 더 나서지 않게 됩니다. 회사에서도 마찬가지입니다. 좀처럼 자기 의견을 말하려 들지 않습니다. 발언하지 않는다, 행동하지 않는다, 아무것도 하지 않는다, 시키는 대로만 한다. 이대로만 하면 위험 부담이 줄어든다고 생각하기 때문일 겁니다. 손을 들고 자기 의견을 말하기 전부터 틀려서 창피를 당할지도 모른다는 위험, 타인의 감정을 상하게 할 수 있다는 위험, 그 뒤의 전개에 따라 자신이 책임져야 할지도 모른다는 위험까지 고려합니다. 그렇지만 지금까지는 이런 자세로도 별 탈 없이 살아올 수 있었습니다.

우리나라는 인프라가 잘 구축되어 있는 나라입니다. 도로, 철도, 건물, 수도, 전기, 통신망 등이 완비되어 있으며, 갑자기 사용 불가능해지는 경우는 거의 없습니다. 국민연금과 건강보험 등 사회 안전망도 잘 갖춰져 있습니다. 지금은 한동안 현재 상황을 유지하기만 해도 사는 데 지장이 없습니다. 그러니 위험을 무릅쓸 필요가 없다고 생각할지도 모릅니다. 현재 40, 50대는 현상을 유지하기만 해도 됩니다. 어떻게든 살아갈 수 있습니다. 하지만 젊은 세대는 다릅니다. 기술은 나날이 발전하고 직업과 직종도 크게 변하는 상황에서 위험을 최소화하기 위해 발언하지 않고 행동하지 않는 편이 낫다고 여기는 태도로는 살아남기 어려울 것입니다.

사고의 업그레이드가 필요합니다. 그렇다고 특별히 복잡한 기술이 필요한 것은 아닙니다.

육아와 교육의 본질로 돌아가서 아이들에게 건네는 말을 바꾸기만 하면 됩니다. **아이의 자존감을 떨어뜨리고 판단력을 앗아가는 말에서 가능성을 열어주는 말로 바꾸자는** 것입니다.

아이는 부모의 말에 반응하는 물결과도 같습니다. 아주 작은 돌멩이 하나만 톡 던져도 파문이 일어나기 때문입니다.

지금이 불안과 공포라는 조약돌을 던져 파문을 일으키는 상태라면, 앞으로는 가능성을 열어주는 조약돌을 던지면 됩니다. 처음에는 물결과 물결이 부딪칠 수도 있지만 차츰 아름다운 물결이 번져나갈 것입니다. 또한 그렇게 생겨난 새로운 물결은 그 아이에게만 머물지 않고 주위 사람들에게도 영향을 주며 멀리멀리 퍼져나갈 것입니다.

부모는
완벽하지 않아도 된다

서장을 마무리하며 자녀 교육으로 고민하는 부모님들께 이 말을 꼭 드리고 싶습니다. 그렇게 완벽하지 않아도 된다는 말입니다.

'대항 금지 명령' 중에 '완벽을 기하라'가 있습니다. 자기 자신에게 그렇게 말해보면 그 말이 얼마나 심한 말인지 바로 이해할 수 있을 것입니다. 완벽한 사람은 없습니다. 우리는 절대 완벽해질 수 없습니다.

간식을 끊기로 결심했는데 너무 맛있어 보이는 과자를 선물 받는 바람에 집어먹고 말았다, 평소에 지각은 절대로 하면 안 된다고 큰소리쳤는데 오늘은 너무 피곤한 나머지 늦잠을 자고 지각까지 하고 말았다. 누구나 이런 일을 경험하면서 살아갑니다.

'그럴 수도 있지'라며 가볍게 넘어가면 될 일인데도 완벽해야 한다는 드라이버를 가진 사람은 이런 작은 일에 자책하며 자기혐오와 죄책감에 시달리게 됩니다.

또한 타인에게도 완벽을 요구하기 때문에 원만한 인간관계를 맺기가 힘들어집니다. 완벽을 추구하지만, 그건 애초에 불가능하기 때문에 어느 시점에선가 거짓말을 해야 하는 경우가 생길 수밖에 없습니다. 완벽해야 한다고 강요받는 쪽도 마찬가지입니다. 부모가 아이에게 완벽을 강요하면 아이는 반드시 뭔가를 감추게 됩니다.

앞에서 우리 학원에도 항상 부모의 눈치를 보는 아이가 있다고 했습니다. 저는 그런 아이를 보면 "넌 지금도 가치 있는 사람이다"라고 말해줍니다. 한 번으로 끝내지 않고 여러 번 반복해서 말해줍니다. 물론 부모도 똑같이 생각할 겁니다. 다만 말로 해주지 않는 것뿐이겠죠.

저는 날마다 딸에게 "너는 내 보물이야"라고 말해줍니다. 스스로 '나는 가치 있는 사람이다'라고 느끼는 것은 대단히 중요합니다. 자신을 가치 있는 존재라고 믿는 아이는 어디에서든 자기 의견을 당당히 표현할 수 있습니다.

각자의 언어로 '너는 내 보물이야'라는 마음을 전해보십시오. 아이에게 진심 어린 목소리로 "너는 가치 있는 사람이다"라고 꼭 말해주세요.

물론 부모도 예외가 아닙니다. 지금 이 책을 읽고 있는 여러분도 똑같이 가치 있는 존재입니다. 완벽하지 않아도 괜찮습니다. 자신이 꿈꾸던 모습과 다르다고 자책하지 마시기 바랍니다.

티칭에서 코칭으로

시대가 변하면 교육 방식에도 변화가 필요합니다. 저는 지금이 바로 '티칭Teaching에서 코칭Coaching으로' 옮겨가야 할 때라고 생각합니다.

티칭이란 '가르치는 것'을 말합니다. 지식과 경험이 풍부한 사람의 가르침을 통해 지식을 습득하고 인격을 기르는 것. 지금까지의 '교육'은 이런 개념이었습니다.

한편 코칭은 대화를 통해 스스로 깨닫고 선택하며 목표를 달성할 수 있도록 도와주는 것입니다. 저 역시 코칭에 중점을 두고 교육하고 있으며 이미 코칭으로 방향을 바꾼 교육자들도 많습니다.

티칭에서 코칭으로 전환해야 하는 이유는 아주 단순합니다. 이제 아무도 가르쳐줄 수 없다는 게 그 이유입니다.

예전에는 선택지가 다양하지 않았기 때문에 가르치는 범위를 제한할 수 있었습니다. 예를 들어, 과거에 컴퓨터 프로그램을 만들기 위해서는 C언어만 가르치면 됐습니다. 그러나 지금은 프로그래밍 언어만 해도 250가지나 됩니다. 내일이 되면 또 어떻게 달라질지 모릅니다. 그만큼 기술은 빠르게 발전하고 있고, 그 적용 범위도 넓어지고 있습니다. 세계 각국의 정세며 블록체인 기술 같은 것도 너무 복잡해서 가르치는 범위를 설정할 수 없습니다.

그렇기에 기본적인 내용은 티칭으로 배우더라도 주된 내용은 코칭의 형태여야 합니다. 여러분도 머릿속에 '티칭에서 코칭으로'를 새겨두시기 바랍니다. 뭐든지 다 가르치기란 애초에 불가능한 일이므로 티칭은 그만 내려놓아야 합니다. 여기서 제일 중요한 건 아이를 지원하고 도와주면서 같이 고민하겠다는 자세입니다.

아이와 같이 생각하자. 아이와 같이 배우면서 성장하자. 이렇게 생각하면 가슴이 뛰지 않으시나요?

아이들은 물론이고 어른들에게도 가능성은 열려 있습니다. 미래는 아무도 예측할 수 없기 때문입니다. 하지만 그런만큼 기대감을 품고 가능성을 향해 아이와 함께 걸어가겠다는 각오를 다지셔야 합니다.

1장

능동적인 행동을 막는 주문
"남에게 피해 주면 안 돼"

숨 막히는
사회를 만드는 말

 ⟨ 남에게 피해 주면 안 돼.

 ⟨ 누구나 피해 줄 수 있어. 곤경에 빠진 사람을 보면 도와주자.

"남에게 피해 주면 안 돼."

부모가 아이를 키우면서 가장 많이 하는 말 중 하나입니다. 심지어 "저는 어지간한 일은 용서하고 넘어갈 수 있지만 '남에게 피해 주는 일만은 절대로 안 된다'라고 가르치고 있습니다"라는 부모도 있더군요. 분명히 말씀드립니다만, 만약

그랬다면 지금 당장 그만두어야 합니다. 누구에게도 피해를 주지 않고 누구의 도움도 받지 않고 살아갈 수 있는 사람은 없습니다.

'피해를 주지 않고 살아가는 것'은 '살아 있지 않은 것'이나 다름없다고 저는 생각합니다.

살다 보면 이래저래 실패하는 날도 있기 마련입니다. 그럴 때면 다른 사람의 힘을 빌리기도 하고 도움도 받아야 합니다. 좀 더 구체적으로 말해볼까요? 살아 있는 사람은 쓰레기와 폐수, 이산화탄소를 배출합니다. 그러니 남에게 피해를 주는 건 당연한 일입니다. 완벽하게 피해를 주지 않는 것은 불가능합니다.

그러므로 남에게 피해를 주고 도움을 받은 만큼 나도 다른 사람에게 호의를 베풀며 살아야겠다고 생각하는 것이 훨씬 더 바람직한 사고방식입니다.

남에게 피해 주면 안 된다는 생각의 가장 큰 문제점은 남의 도움을 받을 수 없게 된다는 것입니다. 고민거리가 있어도 도움을 요청하는 것 자체를 피해 주는 행동이라고 여기기에 어떻게든 혼자 해결하려고 전전긍긍하게 됩니다.

생계를 유지하기 힘든 사람을 향해 가난하게 사는 건 열심히 노력하지 않은 본인 탓이라며 당사자를 비난하는 사람이 있습니다. 또 경제적으로 힘든 사람 중에도 선뜻 생계급여를

신청하지 못하는 사람도 있습니다. 자기 행동이 사회에 민폐를 끼친다고 생각해서 도움을 요청하지 못하는 것입니다.

우리나라는 선진국 중에서 유난히 자살률이 높은 나라입니다. '남에게 피해 주며 살 바에야 차라리 내가 죽는 게 낫다'라는 고정관념이 이런 결과를 낳았을지도 모른다고 생각하면 정말 충격적입니다. 최근에는 스스로 목숨을 끊는 10대가 늘어나고 있습니다. 좀 더 일찍 도와달라고 목소리를 낼 수 있게 된다면 지금과는 다른 결과를 맞이할 수도 있습니다.

자살이나 빈곤 같은 거창한 문제를 거론할 것도 없습니다. 자기 이야기를 들어줄 사람이 없고 민폐 취급당할까 봐 고민을 털어놓지 못해 고통 속에서 살아가는 사람들이 우리 주변에는 많습니다. 솔직히 털어놨더라면 간단히 해결됐을 일이 큰 문제로 번진 다음에야 드러나는 경우도 많습니다.

일본에서는 직장 상사가 부하 직원에게 집요하다 싶을 만큼 보고와 연락, 상의를 강조합니다. 저는 그 모습을 보고 위화감을 느꼈습니다. 외국에서는 굳이 그런 말을 입에 올리지 않습니다. 문제가 발생하면 상사에게 상의하는 게 당연하고, 보고와 연락은 기본 중의 기본이기 때문에 새삼 언급할 필요가 없는 것입니다. 일본인은 '상대방의 시간을 빼앗는 건 민폐야' '도와달라고 하려니 미안한데'라고 생각하는 경향이 강합니다. 잠깐 도움을 받는 것과 가만히 있다가 오히려 큰 문제를 초래하는 것 중에 어느 쪽이 진짜 민폐일까요?

애당초 잠깐 상의 좀 하는 걸 '민폐'로 받아들이는 풍조가 저는 이상하다고 생각합니다.

우리는 서로 피해를 주고받으면서 살아갑니다. 어려움에 부닥쳤을 때는 서로 돕는 게 올바른 인간관계가 아닐까요?

아이에게도 '피해 주지 마라'고 말하는 나라

우리는 "남에게 피해 주면 안 된다"라는 말을 당연하게 받아들입니다. 여러분도 어릴 때 이런 말을 많이 들으며 자랐을 겁니다.

그런데 다른 나라에서는 "피해 주면 안 된다"라는 말을 좀처럼 들을 수 없습니다. 인도에서는 "남에게 피해 줘도 괜찮다. 대신 너도 힘들어하는 사람을 보면 도와줘야 한다"라고 가르친다고 합니다. 기독교 국가에서는 성경에 나오는 '선한 사마리아인' 비유를 바탕으로 "어려움에 처한 사람에게 손을 내밀어야 한다"라고 가르칩니다.

'선한 사마리아인'이란 율법학자가 예수에게 이웃 사랑에 관해 물었을 때 예수가 비유로 든 이야기입니다. 내용을 간단히 설명하면 다음과 같습니다.

여행 중에 강도를 만난 사람이 다 죽어가는 상태로 길가에 쓰러져 있었다. 제사장은 그 사람을 보고도 그냥 지나쳤다. 레위인 역시 그 사람을 피해 지나갔다. 그다음에 그 길을 지나가던 사마리아인은 그 사람을 치료해주고 여관으로 데려가 보살폈다. 다음 날 그는 여관 주인에게 돈을 건네주며 그 사람을 잘 보살펴달라고 부탁하고 길을 떠났다.

예수는 이 세 사람 중에 누가 여행객의 이웃인지 물었다. 율법학자가 사마리아인이라고 대답하자 예수는 "너도 그렇게 하여라"라고 말했다.

먼저 여행객 옆을 지나간 제사장과 레위인은 유대인입니다. 종교인인 그들이 솔선해서 다친 사람을 도와주어야겠지만, 그 당시 율법에는 피를 만지면 당분간 일을 할 수 없다고 정해져 있었습니다. 그래서 그냥 지나친 것입니다.

나중에 그 길을 지나간 사마리아인은 유대인 입장에서 보면 혐오와 멸시의 대상이었습니다. 그렇지만 여행객을 도와준 건 바로 그 사마리아인이었습니다.

이 이야기를 통해 예수가 말하는 '네 이웃을 사랑하라'의 이웃에는 가족과 동료뿐 아니라 민족을 넘어 모든 사람이 포함된다는 것을 이해할 수 있습니다. 어려움에 처한 사람을 보면 그게 누구든 도와주라는 뜻입니다.

미국, 캐나다 일부 지역에서는 '선한 사마리아인법'이 시행되고 있습니다. 재해나 부상으로 위험에 처한 사람을 선의로 도와주었을 경우, 결과적으로 그 사람이 잘못되더라도 도와준 사람에게 책임을 묻지 않음으로써 선의를 베푼 사람을 보호하는 법률입니다. 비행기 안에서 갑자기 환자가 발생했을 때, "승객 여러분 중에 의사 선생님 계십니까?"라고 물어도 대부분의 의사는 선뜻 손을 들지 못한다고 합니다. 기내에서 사용할 수 있는 설비가 한정적인 데다 만약에 환자를 살리지 못하면 의료 사고로 고소당할 우려도 있기 때문입니다. 선의가 담긴 행동을 억제하는 것은 스스로 자기 목을 조르는 것이나 마찬가지입니다.

이처럼 많은 국가들이 힘들어하는 사람을 도와주어야 한다는 적극적인 도덕 기준을 따르고 있습니다.

또한 최근의 연구에서도 전 세계의 보편적인 도덕 가치관은 '남을 도와주어야 한다'에 중점을 두고 있다는 사실이 밝혀졌습니다.

반대로 우리의 의식은 '남에게 피해 주면 안 된다'는 소극적인 도덕이라고 볼 수 있습니다.

적극적인 도덕과 소극적인 도덕은 완전히 다릅니다. 일본인은 예의가 바르고 질서를 잘 지킨다는 점에서 높은 평가를 받고 있습니다. 그러나 남에게 피해 주면 안 된다는 도덕관은

능동적인 행동을 억제할 우려가 있다는 것을 기억해야 합니다. 나날이 세계화가 진행되는 상황에서 타인을 돕기 위해 손을 내밀지 못하는 것은 마이너스가 될 수밖에 없습니다.

아이를 데리고 외국을 다녀보면 외국인들이 아이에게 얼마나 관대한지 체험할 수 있습니다. 3년 전쯤 두 살 난 딸을 데리고 비행기를 탔는데 아이가 어린 탓에 자꾸만 소리 내서 울었습니다. 그런데도 주위 승객들은 아이에게 정말 친절하게 대해주었습니다. "제가 아이를 잘 봅니다"라며 아이를 안아준 사람도 있고, 수건으로 오리를 만들어 꽥꽥거리며 아이를 웃게 만들어준 사람도 있었습니다.

아쉽게도 일본인들만 모여 있는 자리에서는 이런 광경을 좀처럼 보기 어렵습니다. 실제로 비행기 안에서 아이가 울자 혀를 차면서 대놓고 민폐라고 티를 내는 사람도 있었습니다.

'남에게 피해 주면 안 된다' 대신 '곤란한 사람을 보면 도와주어라'라는 가르침이 훨씬 더 살기 좋은 사회를 만들 수 있지 않을까요?

이래도 욕하고 저래도 욕하는 사회를 바꿔보자

남에게 피해 주지 않는 걸 우선시하는 사람은 하고 싶은 일이 있을 때도 남의 눈치를 보게 됩니다. 지금 학급회의 중이라고 가정해봅시다. 회의가 끝나갈 때쯤에 할 말이 생각났습니다. 지금까지 나왔던 것보다 더 좋은 아이디어가 떠올랐지만 '이 시점에서 내가 의견을 내놓으면 회의를 다시 시작해야 하겠지? 회의 시간이 길어지면 학원 갈 시간이라며 애들이 짜증을 낼지도 몰라. 민폐를 끼치긴 싫은데… 에이, 몰라, 그냥 말하지 말자'라며 결과적으로 아무 말도 하지 못하고 회의는 끝나버립니다.

남에게 피해를 주지 않기 위해 자신을 희생하면서 사는 삶은 얼마나 공허할까요? 회의 시간에 자기 의견을 분명히 말했더라면 훨씬 더 괜찮은 결론을 끌어냈을지도 모릅니다.

몇 년 전 '당나귀와 노부부'라는 네 컷 만화가 SNS에서 화제였던 적이 있습니다. 노부부가 당나귀에 올라탄 모습을 본 사람들이 "둘이나 올라타다니 당나귀가 너무 불쌍하군" 하며 혀를 찼습니다. 그래서 이번에는 남편 혼자 당나귀를 타고 아내는 걸어갔더니 "어떻게 남편 혼자 편하게 갈 수 있지? 아내가 참 안됐어"라고 손가락질했습니다.

이번에는 반대로 아내가 당나귀를 타고 남편은 걸어갔더니 "남편을 걸어가게 하다니 참 인정머리 없는 여자야"라며 비아냥거렸습니다. 어쩔 수 없이 둘 다 내려와 나란히 당나귀를 끌고 걸어가자 "당나귀를 쓸 줄 모르는 어리석은 사람들이

군"이라며 비웃었다고 합니다.

이 만화는 『이솝우화』 가운데 「당나귀를 팔러 간 아버지와 아들」을 토대로 만들어졌습니다. 이 우화가 최근에 다시 화제에 올랐다는 사실이 이러한 풍조가 만연하고 있다는 것을 말해주는 듯합니다. '이래도 욕하고 저래도 욕하는 사회'를 풍자한 것입니다.

하라는 대로 한들 이번에는 또 다른 사람이 트집을 잡습니다. 결국 뭘 하든 비난하는 사람이 있을 수 있다는 걸 감수해야 합니다. 모두를 만족시키기란 불가능합니다. 그럴 바에야 자기가 하고 싶은 대로 하는 게 제일 낫다고 생각하지 않으십니까?

뭘 해도 비난받는 사회 분위기를 바꾸는 데는 **선행 나누기**가 답입니다.

A에게 피해를 주어서 미안한 마음이 들 때나, 혹은 A에게 도움을 받았을 때, 우리는 흔히 A에게 은혜를 갚아야 한다고 생각하기 쉽습니다. 그렇게 하는 것도 사람의 도리이지만, 그보다 더 의미 있는 것은 '선행 나누기'입니다. 요컨대 A에게 받은 배턴을 다른 누군가에게 넘겨주는 것입니다. 그러면 선한 마음과 행동이 널리 널리 퍼지면서 서로 돕는 사회를 만들어갈 수 있습니다.

재미있는 이야기를 하나 들려드리겠습니다.

불경기가 이어져 활기를 잃어버린 마을에 한 여행객이 찾아왔습니다. 그는 호텔에 숙박하고자 지배인에게 100유로를 건넸습니다. 여행객이 방을 고르기 위해 2층에 올라간 사이, 지배인은 세탁소에 가서 외상값 100유로를 갚았습니다. 세탁소 주인도 정육점으로 가서 외상값 100유로를 갚았고, 정육점 주인 역시 그 돈을 매춘부에게 지불하여 빚을 갚았습니다. 마지막으로 매춘부가 호텔로 와서 외상값 100유로를 갚았습니다. 그 순간 여행객이 다시 프런트로 돌아왔습니다. 그는 마음에 드는 방이 없다며 마침 거기 있던 100유로를 집어들고 마을을 떠났습니다.

돈이 이리저리 이동했을 뿐이므로 손해를 본 사람은 한 명도 없습니다. 그런데도 호텔 지배인, 세탁소 주인, 정육점 주인, 매춘부의 빚이 사라졌습니다. 재미있지 않습니까? 빚에 대한 부담감이 사라졌으니 마을은 다시 활기를 띠기 시작했을 것입니다.

학원 아이들에게 "보답하고 싶어요"라는 말을 자주 듣습니다. 그럴 때마다 저는 "난 됐으니까 다른 사람을 도와주었으면 좋겠구나"라고 말합니다. 선행을 흘려보내면 더 많은 사람이 행복해질 테니까요.

식당에서 뛰어다니는 아이에게
뭐라고 말할까?

 뛰면 안 돼!

 어떻게 하면 사람들을 기쁘게 해줄 수 있을까?

　"남에게 피해 주면 안 된다고 하지 말고 곤란한 사람을 보면 도와주자." 이렇게 말은 했지만 지하철 안에서 어린아이가 조금만 큰 소리로 떠들고 뛰어다니면 싫은 표정을 짓는 사람도 분명 있습니다. 식당에서 가만히 앉아 있지 않고 여기저기 돌아다니는 아이 때문에 미안한 마음이 드는 것도 잘 알고 있습니다.

　여기서 아이들의 그런 행동이 과연 진짜 민폐가 맞는지 한번 생각해보고 싶습니다. '피해 주는 행동일지도 모른다'라는 생각에 지레 겁부터 먹고 미안해하는 건 아닐까요? 어쩌면 옆자리 노부부는 "우리 손자도 예전에 이럴 때가 있었지"라며 흐뭇하게 지켜보고 있었을지도 모릅니다. 힘차게 뛰어다니는 아이를 보고 기분이 좋아졌을 수도 있습니다.

　애초에 지하철을 비롯한 대중교통, 도로, 식당 등은 누구나 이용할 수 있는 공공장소입니다. 노키즈존도 있지만 그런 데는 안 가면 그만입니다. 공공장소에서 아이가 적당히 떠들고 뛰어다니는 것은 조금도 이상하지 않습니다. "아이가 시끄럽게 떠들어서 못 살겠다"라고 불만을 제기하는 사람이 있다면, 그 사람이야말로 정상이 아니라고 생각하면 됩니다. 혼자 사용하는 공간이 아니기 때문입니다.

　'피해 주면 안 된다'라는 생각에 사로잡혀 있다 보면 작은 일에도 '혹시 내가 지금 민폐를 끼친 건 아닐까?' 하고 불안해집니다. 아이가 큰 말썽을 저지르지 않은 이상 좀 더 당당해져도 됩니다. 가령 아이가 다른 손님과 부딪친다거나 그릇을 깨뜨리는 일이 발생하면 그때 사과하면 됩니다. 그 정도 일에 민폐라며 얼굴을 붉히는 사람은 거의 없습니다. 보통은 "아뇨, 괜찮습니다" "다음부터 조심해"라며 넘어갈 것입니다.

아이들은 우리 사회의 보물입니다. "난 애가 없다" "난 애들이라면 질색이다"라고 말하는 사람도 지금 이 아이들이 미래의 주인이라는 사실은 인정해야 합니다. 거듭 말하지만 누구의 도움도 받지 않고 살아가기란 불가능합니다. 연금은 일하는 세대에게서 돈을 거둬 수급자에게 지급하는 방식입니다. 아이 키우기 좋은 사회를 만들어야 한다는 건 너무도 당연한 말입니다. 아이들에게 엄격한 사회에 미래는 없습니다.

그래도 여전히 아이는 민폐를 끼친다고 생각하는 사람이 있을 겁니다. 그런 사람은 '피해를 주면 안 된다'라는 생각에 지배되어 자존감이 낮고 타인을 쉽게 공격하는 성향을 지니고 있을지도 모릅니다. 그런 극히 일부 사람까지 맞춰줄 필요는 없습니다.

악플 문제와 '피해 주면 안 된다'의 병리

현재 '남에게 피해 주면 안 된다'라는 금지령을 확산시키는 주범은 사회 관계망 서비스, 즉 SNS가 아닐까 싶습니다. 아무 죄도 없는 SNS에 악플을 다는 사람들과 그런 댓글을 보며 자신의 언행을 단속하는 사람들이 분명 존재할 겁니다.

어떤 사람들은 SNS에서 생면부지의 낯선 사람에게 불쾌감을 주는 댓글을 달거나 옮겨와서 퍼뜨리곤 합니다. 2018년 자료에 따르면 일본인의 약 23퍼센트가 SNS상에서 오해와 비방, 괴롭힘 등을 경험한 적이 있다고 합니다.

저는 이런 현상이 심리학에서 말하는 '공정한 세상 가설' 과 일맥상통한다고 생각합니다. 공정한 세상 가설이란 1960 년대 사회심리학자 멜빈 러너가 제창하고 연구한 가설로, 이 세상은 정의는 보상을 받고 악은 그에 상응하는 벌을 받는 '공정한 세상'이라고 믿는 사고방식입니다.

어릴 때부터 우리는 "착하게 살면 복을 받는다" "노력은 배신하지 않는다" "정의는 승리한다"와 같은 권선징악의 말을 수도 없이 들어왔습니다.

'공정한 세상'은 이상적인 세상입니다. 저도 공정한 세상을 꿈꿉니다. 공정하지 못한 세상에서는 안정과 질서를 유지할 수 없다고 믿기 때문입니다. 하지만 눈앞의 현실이 항상 '공정한 세상'이냐고 묻는다면 꼭 그렇지는 않습니다. 착하게 살아도 보상은커녕 부당한 일을 당하는 경우도 많습니다. 또한 개개인이 생각하는 '공정한 세상'에는 차이가 있습니다. 텔레비전에서 어떤 사람이 길을 걷다가 갑자기 괴한의 공격을 받았다'는 뉴스를 들었다고 가정해봅시다.

'공정한 세상'을 신봉하는 이들은 '그 사람이 위험한 길을 걸었던 게 아닐까?' '치마 길이가 너무 짧았던 거 아냐?'처럼 피해자 측에 잘못이 있을 거라고 판단하기 쉽습니다. 공평하고 공정한 세상에서는 당사자가 잘못을 저지르지 않는 한 불행해질 리가 없다고 믿고 피해자에게 비난의 화살을 돌리게 됩니다. 이게 바로 피해자를 공격하는 심리 메커니즘입니다.

요컨대 SNS상에서 악성 댓글을 다는 사람은 직접적으로 피해 보지는 않았지만 '남에게 피해를 주면 안 된다'라는 생각이 뇌리에 강하게 박혀 있기에 '이 사람이 남에게 피해를 주었을지도 모른다'라는 착각에 빠져 상대방을 공격합니다.

가령 코로나가 확산되지 않도록 외출을 자제하라는 지시가 내려진 상황에서 '오늘은 외부에서 회의를 했는데 다들 마스크를 쓰고 있어서 말할 때 힘들었다'라고 SNS에 올렸다고 가정해봅시다. 전혀 모르는 상대인데도 '당신 같은 사람 때문에 코로나 확진자가 늘어나잖아!' '의료계 종사자들은 어떻겠어?' 혹은 더 과격한 댓글을 다는 사람도 있을 겁니다.

악플러들 중에는 현재 상황에 불만이 가득한 사람이 많습니다. 그러나 어떤 개인 사정이 있든, 악플을 다는 것이 합리화되지는 않습니다. 이들에게는 그저 '화풀이 대상'이 필요했을 뿐입니다. 공정한 가설에 따라 '저 사람은 누군가에게 피해를 주었을지도 모른다'라는 착각이 그들에게 정당성을 부여해주었을 겁니다.

유명인의 사생활을 철저히 파헤쳐 비난하는 사람도 마찬

가지입니다. 자신과는 무관한 일인데도 '누군가에게 피해를 주었으니 벌 받는 게 당연하지' '부인이 안됐어'라고 공격하면서 자신은 정의롭다고 믿습니다.

악플이 넘쳐날수록 점점 더 숨이 막히는 사회가 만들어집니다. 성추행 피해자에게 '짧은 치마를 입고 다니니까 그렇지'라고 비난하는 것도 똑같은 현상입니다.

또한 피해나 민폐의 기준도 사람마다 천차만별입니다. 남에게 민폐를 끼친 건 아닐까 전전긍긍하면서 아이를 키워야 하는 사회. 이런 숨 막히는 사회에서 자신의 가능성을 펼친다는 것은 거의 불가능한 일입니다.

우리는 공정한 세상 가설을 신뢰함으로써 단기 목표를 세울 수 있습니다. 쾌락에 빠지지 않고 절망하지 않으며 마음의 안정을 유지할 수 있습니다. 그렇기에 공정한 세상 가설을 믿는 신념을 나쁘다고 단정 지을 수는 없습니다. 다만 공정한 세상 가설을 유지하기 위해 타인을 부당하게 비난하는 부정적인 측면도 있다는 사실을 염두에 두어야 합니다.

극히 일부의 불평객에게 맞출 필요가 있을까?

그래도 신경이 쓰인다면 어느 쪽이 사회 전체에 이득이 되는지 따져보기 바랍니다.

2015년 도카이도 신칸센에서 방화 사건이 발생했습니다. 세계에서 제일 안전하다고 평가받던 도카이도 신칸센에서 처음으로 방화 사건이 일어난 것입니다. 사건 당시 신칸센의 안전 관리를 두고 언론에서도 왈가왈부 말이 많았습니다. 당시 뉴스 프로그램 해설자로 활동하고 있던 저는 그 뉴스 프로그램에 출연한 다른 해설자가 "신칸센에서도 수화물 검사를 해야 합니다"라고 말하는 것을 들었습니다.

여러 가지 위험 요소를 예측하고 대책을 세우는 것은 분명 중요합니다. 하지만 특수한 예까지 일일이 대응하다 보면 오히려 사회 전체의 효율이 저하되고 스트레스가 증가할 수도 있다는 사실을 명심해야 합니다. 당시 사건은 신칸센 안에서 자살하기 위해 방화를 선택한 특수한 사건이었습니다. 올림픽 개최를 앞둔 테러 대책이라면 이해가 되지만, 특수한 일회성 사건 때문에 수화물 검사까지 한다면 비효율적인 사회를 초래하게 됩니다.

그런 의미에서 유별난 사람들 때문에 제한을 두는 것도 현명하지 못한 판단입니다. 일본 기업은 고객의 불평불만에 지나치게 신경을 쓴다는 인상을 받을 때가 있습니다. 사사건건 불만을 신고하는 사람들도 있지만 그들은 극히 일부에 지나지 않습니다. 자기주장이 강해서 눈에 띄는 사람이라는 이유로 그들에게 맞추느라 대다수의 행복을 빼앗아도 괜찮을까요? 특수하고 개인적인 상황에 가까운 경우일수록 일일이 대응할 필요는 없습니다.

개인의 사정을 우선시하느라 사회 전체의 효율이 떨어지는 상황을 **사회적 딜레마**라고 합니다.

사회적 딜레마는 모든 상황에서 일어납니다. 이해하기 쉽게 환경 문제를 예로 들어보겠습니다. 개인의 편의만 생각하면 필요할 때마다 일회용품을 구입해서 쓰고 버리는 소비 방식이 편리합니다. 그러나 사회 전체로 봤을 때는 대량의 쓰레기가 발생하고 쓰레기 처리에도 막대한 비용이 듭니다. 일본에서는 플라스틱 쓰레기 처리 문제를 개선하기 위해 2020년 7월부터 비닐봉지 유료화가 시작되었습니다. "장바구니를 안 갖고 왔는데, 비닐봉지 한 장쯤 그냥 줘도 되잖아?"라고 불평하는 손님의 요구를 들어줄 필요는 없습니다.

아이들이 건강하게 자라고 마음껏 재능을 발휘할 수 있도록 하는 것이 사회 전체에 유익합니다. 일부 불평객에게 맞추느라 아이들이 위축되면 사회 전체가 손해를 보게 됩니다.

식당에서 이리저리 뛰어다니는 아이에게 "뛰면 안 돼! 남들한테 피해 주잖아!"라는 말 대신 **"어떻게 하면 사람들을 기쁘게 해줄 수 있을까?"**라고 물어보면 어떨까요? 아이가 우스꽝스러운 표정을 짓거나 춤을 추면서 주위 사람들에게 웃음을 줄지도 모릅니다. 혹은 다른 사람들의 대화를 방해하지 않으려고 알아서 조용해질 수도 있습니다. 결과가 어떻게 될지는 예상할 수 없지만, 그런 말을 들은 아이는 적어도 자기 입장만 생각하지 않고 다른 사람도 의식하게 될 것입니다. '안 돼!'보다는 훨씬 낫다고 생각하지 않으십니까?

실패할 수 있는 환경이
도전 정신을 키운다

 〈 물 안 밟게 조심해!

 〈 "아이고, 젖어버렸구나!"

어릴 때 작은 실패를 여러 번 겪게 하는 게 좋다는 말을 많이 듣습니다. 그런데도 부모는 아이가 실패하지 않도록 먼저 손을 내밀어 조언을 하고 도움을 주고 싶어 합니다. "물 안 밟게 조심해!"도 아이에게 자주 하는 말 중 하나일 것입니다.

물론 정말 위험한 일은 미리 확실히 알려주어야 합니다.

"차가 오니까 벽 쪽으로 딱 붙어서 걸어."

"이 길은 잘 안 보여서 위험할 수 있으니까 혼자일 때는 다른 길로 다녀."

하지만 뭐든지 부모가 개입해서 아이가 실패할 기회를 빼앗아버리는 건 다른 문제입니다. 아이가 실패하지 않도록 감싸는 것은 절대로 아이를 위하는 행동이 아닙니다.

"물 안 밟게 조심해!"도 흔한 예입니다. 아이가 물을 밟아서 신발이나 옷이 젖으면 갈아입히면 그만입니다. 신발에 물이 들어가면 찝찝하고 발이 얼어서 감기에 걸릴 수 있다는 것을 아이 스스로 깨달을 수 있는 기회를 빼앗으면 안 됩니다.

장난이 심하거나 안 좋은 소문이 들리는 아이를 가리키면서 "쟤랑 놀지 마"라고 말하는 부모들이 있습니다. 부모 입장에서는 자기 아이가 상처받을까 봐 방어막을 쳤겠지만, 아이들이 어울려 놀기 전에 그렇게 말하는 것은 좋지 않습니다. 사소한 말썽이 아이에게는 배움의 기회가 될 수 있습니다.

이런 식으로 부모가 아이의 친구를 골라주게 되면, 나중에는 배우자도 부모가 직접 정해주어야 할지 모릅니다. "그렇게 작은 회사는 안 가는 게 나아"라고 간섭하는 부모도 있습니다. 아이에게는 아이의 인생이 있습니다. 누구와 어울릴지조차 스스로 결정할 수 없다면, 그 아이는 과연 행복할까요?

실패야말로 많은 것을 배울 수 있는 기회입니다. 실패하고 극복하는 경험이 반복되면 아이의 마음이 단단해져서 실패를 두려워하지 않게 됩니다. 그러므로 어릴 때 실패를 많이 겪게 하는 것이 좋습니다.

일본의 바이오 벤처기업 유글레나의 대표이사 이즈모 미쓰루 씨는 일본을 대표하는 훌륭한 기업가 중 한 사람입니다. 그는 '유글레나(연두벌레)로 세상을 구원하겠다'라는 터무니없어 보이는 꿈을 이루기 위해 애쓰고 있습니다.

지금은 유글레나가 기업으로 인정받고 있지만, 회사 설립 초기 "유글레나로 전 세계의 식량 문제를 해결하겠다"라는 그의 말을 들어주는 사람은 아무도 없었습니다. 유글레나를 배양하기 위해 연구를 거듭하여 다양한 문제를 해결하며 판매 단계까지 왔을 때도 시장의 반응은 차가웠습니다. 보통 사람이라면 거기서 의욕을 잃었겠지만, 이즈모 씨는 달랐습니다. 꼭 팔고 말겠다는 의지를 불태우며 발품을 판 끝에 501번째 방문한 회사와 거래하게 되었습니다. 주식회사 유글레나는 2014년 도쿄증권거래소에 상장되었고, 현재는 유글레나를 비행기 연료로 쓰기 위해 연구 중입니다.

이즈모 씨를 인터뷰하던 지인이 이런 질문을 한 적이 있습니다.

"어릴 때 어머니가 이즈모 씨를 어떻게 교육하셨습니까?"

이즈모 씨 같은 사람으로 키우려면 부모가 아이에게 어떻게 해야 하는지 궁금해서 물어본 것입니다.

이즈모 씨는 "어머니는 제가 뭐든지 실패해볼 수 있게 해주셨습니다"라고 대답했습니다.

이즈모 씨가 해보고 싶다고 말하면 뭐든지 해보라고 하셨다고 합니다. 이즈모 씨는 밖에서 삼각김밥을 먹다가 바닥에 떨어뜨렸을 때를 예로 들어 설명했습니다. 부모들은 대개 아이가 흙이 잔뜩 묻은 음식을 주워 먹으려고 하면 "먹으면 안 돼"라고 말립니다. 그런데 이즈모 씨의 어머니는 아이를 말리지 않고 내버려 두었다고 합니다. 아이 스스로 흙이 묻은 음식을 입에 넣어보고 맛이 이상하면 뱉어냅니다. 안 먹을 게 분명하니까 군이 말릴 필요가 없다고 생각한 것입니다. 그런 환경에서 자랐기에 실패를 두려워하지 않고 끊임없이 도전해 벤처기업을 키워낼 수 있었을 겁니다.

저도 이즈모 씨의 어머니를 본받아 아이가 뭘 하든 옆에서 지켜보기만 하려고 노력 중입니다. 생명에 위협이 되는 일이 아닌 이상 말리지 않습니다. 예를 들어 값비싼 그릇 가게 안에서 그릇을 깰지도 모른다는 위험을 감지해도 변상하면 된다는 각오로 내버려 둡니다. 물론 제 마음의 평화는 사라지겠지만 말입니다. 지켜본다는 건 생각보다 인내심이 아주 많이 필요한 일인지도 모르겠습니다.

실패를 두려워하지 않는 마음은 어디서 생기는가

물웅덩이가 보이면 피해 갈 수 있게 도와주고, 앞에 돌이 놓여 있으면 발에 걸리지 않게 치워주고, 강이 있으면 다리를 놔주는 식으로 뭐든지 부모가 해결해주는 환경에서 자란 아이에게 대학 졸업과 동시에 "이제 너도 성인이니까 스스로 알아서 해"라고 하면 당황할 수밖에 없습니다. 아이가 어른이 되면 물웅덩이는 바다가 되고 돌은 산이 되어 나타납니다. 까딱하면 죽을 수도 있습니다. 그런 상황에서 도전은 불가능합니다.

어릴 때 실패를 많이 경험해보고 이를 통해 배움의 기회를 얻는 것이 중요합니다. 어려서 실패를 딛고 시련을 넘어본 아이는 새로운 시련에 맞설 용기를 얻습니다. 물웅덩이가 바다로 변한 상황을 맞닥뜨리더라도 실패를 극복하는 능력이 향상되어 있기에 도전 정신을 발휘할 수 있습니다. 크게 실패하더라도 내성이 있어서 금방 털고 다시 일어설 수 있습니다.

아이가 실패를 두려워하지 않고 도전할 수 있는 정신을 길러주는 것은 부모의 의무입니다. 그런데도 요즘 부모들은 아이에게서 실패할 기회를 빼앗으려고만 하니 걱정이 이만저만이 아닙니다.

성공해도
만족하지 못한다

 칭찬받았다고 잘난 척하지 마.

 한껏 과장되게 칭찬해주자.

저는 강연회에서 아이를 칭찬해주라는 말을 많이 합니다.
그러면 꼭 "너무 칭찬해주면 의기양양해져서 잘난 척하지 않
을까요?"라며 걱정하는 분들이 있는데, 저는 그런 부모들을
볼 때마다 궁금했습니다. 자기 아이가 잘난 척하는 게 싫은
부모도 있을까요?

제가 생각하기에 '아이가 잘난 척할 만큼 칭찬하기'란 쉬운 일이 아닙니다.

먼저, 우리에게는 칭찬의 말이 부족합니다. 아이를 한 시간 동안 야단칠 수는 있어도 한 시간 동안 칭찬하는 것은 거의 불가능에 가깝습니다. 길게 칭찬해주고 싶어도 겨우 몇십 초면 할 말이 바닥나고 말 것입니다. 왜냐하면, 부모 세대 역시 칭찬에 익숙하지 않은 분위기 속에서 자랐을 확률이 높기 때문입니다. "칭찬했다가 아이가 잘난 척하면 어쩌죠?"라고 걱정하는 사람들에게 이렇게 말해주고 싶습니다. "**아이가 잘난 척할 만큼 한껏 칭찬해주세요. 그게 보기보다 쉬운 일이 아닙니다.**"

근력 운동을 하다 보면 복근을 유지하는 게 어려운 일이라는 것을 알게 됩니다. 유명 보디빌더가 말하길 "복근을 유지하려면 최소 몇 년은 식사 조절과 함께 관리를 해야 한다"라고 합니다. 마찬가지로 칭찬받은 아이가 한순간 의기양양해질지는 몰라도 오래 지속되지는 않습니다.

만약 "정말 대단하구나!"라는 한마디에 아이가 좋아서 어쩔 줄 모른다면 그건 아이가 자신을 칭찬해준 부모를 진심으로 존경하기 때문일 것입니다. 신뢰 관계가 탄탄하게 구축되어 있다는 증거일 겁니다. 한번 상상해보세요. 여러분이 존경하는 사람에게서 "정말 대단하군요"라는 말을 듣는다면 입이

쩍 벌어지지 않겠습니까?

요컨대 부모의 칭찬에 아이가 기뻐하는 모습을 보인다면 그건 부모가 칭찬과 관련된 풍부한 어휘와 칭찬의 기술을 갖추고 있다는 뜻입니다. 아니면 관리 능력이 뛰어난 사람일 수도 있습니다.

그래도 여전히 아이가 우쭐대고 까불거릴까 봐 걱정되는 사람이 있다면 이렇게 묻고 싶습니다. "아이가 기분이 좋아서 의기양양한 것과 침울한 표정을 하고 있는 것, 둘 중 어느 쪽을 선택하시겠습니까?" 그러면 전자를 선택할 겁니다. "난 못해"라며 풀이 죽어 있는 모습보다는 "난 대단한 사람이야!"라며 자신감을 가지는 모습이 더 보고 싶을 테니까요. 사는 동안 잘난 척할 수 있는 시간은 그리 길지 않습니다. 그러니 그렇게 할 수 있을 때 충분히 즐길 수 있도록 도와주세요.

칭찬받고 아이가 으스대는 걸 원치 않는 부모는 아마도 앞으로 아이가 그 일을 열심히 안 하게 될까 봐 걱정되기 때문일 것입니다.

시험에서 만점을 받고 들뜬 나머지 공부를 안 하게 된다거나 스포츠대회에서 큰 활약을 하고 우쭐대며 연습을 게을리하게 될까 염려하는 것입니다. 부모는 아이가 방심하지 않고 계속 노력하면서 성장해 나가길 바랍니다. 저도 그 마음은 이해하고도 남습니다.

하지만 어떤 목표를 달성하고 그 순간의 기쁨을 실컷 맛보는 것 또한 귀한 체험입니다. 열심히 공부해서 성적이 올랐는데도 "앞으로 더 열심히 해"라고 하거나 시험에서 만점을 받았는데도 "방심하면 안 된다"와 같은 말만 듣는 아이의 마음에는 불만족감이 쌓이기 쉽습니다. 어른이 되어 큰 성공을 거두었을 때도 만족감을 느끼지 못하고 조바심을 내게 됩니다. 행복과 거리가 먼 인생을 살게 되는 것입니다.

존재를 칭찬하면 마음의 안전지대가 형성된다

"그렇지만 사회가 얼마나 살벌한지 잘 아시잖아요." 어디선가 이런 목소리가 들려오는 것 같습니다. 괜히 으스대다가 코가 깨지는 않을까. 세상 물정 모른다고 비웃음을 사지는 않을까. 자식이 사회에서 험한 꼴을 당하지 않도록 미리 가르쳐주고 싶으실 겁니다.

하지만 저는 부모가 그런 역할까지 맡을 필요는 없다고 생각합니다. 부모님들 말씀처럼 사회는 엄격하고 살벌합니다. 성과를 내지 못하면 좋은 평가를 받지 못하는 게 현실입니다.

사람을 평가할 때는 두잉Doing, 해빙Having, 비잉Being이라는 세 가지 면을 고려합니다.

'두잉'은 행위에 대한 평가입니다. 이를테면 "방을 청소했구나, 잘했어"가 여기에 해당합니다.

'해빙'은 그 사람의 소유물과 지위를 평가하는 것입니다. "네가 반장이 돼서 엄마는 너무 자랑스러워"와 같은 말은 해빙에 대한 평가입니다.

'비잉'은 존재 자체에 대한 평가입니다. "네가 어떤 사람이든 너를 사랑해"를 예로 들 수 있습니다.

부모들은 아이라는 존재 자체를 사랑합니다. 두잉과 해빙 면에서는 높은 점수를 줄 수 없을지라도 마음속으로 아이 자체를 인정하고 받아들입니다. 그런데 어찌 된 영문인지 **칭찬할 때는 두잉과 해빙만 보게 됩니다.** 이래서야 '엄격하고 살벌한 사회'와 뭐가 다르겠습니까?

사회는 사람을 존재 자체로 평가하지 않고 행위와 소유, 지위로 평가합니다. "자네는 우리 회사에 있어주기만 하면 돼"라고 말하는 회사 대표는 없습니다. 친구 사이도 마찬가지입니다. '같이 놀면 재미있다' 등의 장점이 있으니까 친하게 지내는 것이지 '맨날 불평불만만 쏟아내니까 피곤해' '맨날 얻어먹기만 하네'라는 생각이 들면 언제든지 떠날 준비가 되어 있습니다.

두잉과 해빙으로만 평가하는 사회와 다르게 부모만이라도 아이를 존재 자체로 평가해주는 것은 대단히 중요합니다. "네가 뭘 하든 넌 소중한 사람이야, 넌 참 멋져"라고 말해주는 사람이 옆에 있으면 아이는 든든한 마음의 안전지대를 만들 수 있습니다.

학교(혹은 직장)에서 집단 괴롭힘에 시달리면서도 부모에게 털어놓지 못하고 혼자 고민하다가 아이 스스로 목숨을 끊는 일이 계속 일어나고 있습니다. 각자 사정이 다를 테니 하나로 뭉뚱그려서 말할 수는 없지만, 부모가 아이를 인정하고 받아주지 않으면 아이는 힘든 일이 있을 때도 부모에게 털어놓지 못합니다. '괴롭힘을 당하는 자신'이 문제라고 생각하기 때문입니다.

반대로 "넌 지금 모습 그대로 멋지고 소중한 사람이야"라는 메시지가 아이의 마음에 새겨져 있으면 부모나 주위 사람들에게 상의해야겠다고 용기를 낼 수 있습니다.

그러므로 부모는 절대로 칭찬에 인색해지면 안 됩니다. '사회가 얼마나 엄격한지 내가 미리 가르쳐줘야지'라고 결심할 필요가 없습니다. 아이가 잘했을 때는 어깨가 으쓱해질 만큼 실컷 칭찬해주십시오. 그리고 실패했을 때는 "어떻게 하면 좋을까?"라고 대화 상대가 되어주고 아이의 버팀목이 되어주면 됩니다.

글로벌 시대의
경제 관념을 키우자

 갖고 싶은 게 있으면 용돈 모아서 사.

 갖고 싶은 게 있으면 프레젠테이션 해봐.

경제 관념은 가정에서 꼭 가르쳐야 할 것 중 하나입니다. 대부분의 가정에서는 아이에게 매달 일정 금액의 용돈을 주는 방식을 취하고 있을 것입니다. 가령 한 달에 용돈을 3만 원 받는다고 가정해봅시다. 10만 원짜리 장난감이 갖고 싶으면 용돈을 넉 달 치 모아야 합니다. 용돈을 다른 데 써버리면 원하는 장난감을 살 수 없기 때문에 부모는 "장난감 갖고 싶으면 참아"라고 말할 것입니다. 아이가 예산과 지출 감각을 익힐 수 있도록 매달 정해진 용돈을 주고 용돈 기입장을 쓰게 하는 부모도 있습니다. 하지만 제가 보기에 그건 별로 좋은 방법이 아닙니다. 세상은 그런 식으로 돌아가지 않기 때문입니다.

돈이 필요한 사업가가 해야 할 일은 절약으로 돈을 모으는 것이 아닙니다. 사업가는 그 사업이 사회에 끼치는 영향력과 성과를 프레젠테이션 해서 자금을 모아야 합니다. 출자금과 대출금 등의 필요 자금을 마련하고, 사업을 통해 벌어들인 수익금으로 돈을 갚아나가면 됩니다.

집을 살 때도 보통은 은행에서 돈을 빌립니다. 돈이 모일 때까지 마냥 기다리는 사람은 없습니다.

아이가 원하는 게 있다고 하면 프레젠테이션 기회를 주면 됩니다. "친구랑 영화 보러 가고 싶어. 왜냐면… 그래서 2만 원이 필요해"라고 아이가 설명했을 때, 괜찮겠다는 생각이 들면 돈을 주면 됩니다. 그렇게 해서 받은 돈으로 아이는 여러 가지 경험을 하고 즐거움을 느낄 수 있을 겁니다.

정해진 용돈만 소비하는 아이와 원하는 것을 얻기 위해 직접 노력하는 아이는 적극성에서 확연한 차이를 보입니다. 이것은 비단 돈에만 해당하는 이야기가 아닙니다. 용돈이라는 틀 안에서만 생각하는 아이는 모든 면에서 예산주의적인 발상을 하게 됩니다.

학교에서의 평가를 한번 생각해봅시다. 숙제를 꼬박꼬박 하고 시험에서 높은 점수를 받고 착실하게 수업을 들으면 된다는 건 예산주의적인 발상입니다. 정해진 사항을 완수하기만 하면 좋은 평가를 얻을 수 있다고 믿는 사고방식입니다.

그렇지만 현실에서는 정해진 틀 밖에서 활약하는 예도 많습니다. 학급의 분위기 메이커로 반 아이들을 웃게 만드는 아이, 싸움이 붙은 친구들을 화해시키는 아이… 이렇게 가치 있는 일을 하고도 전혀 인정받지 못한다면 어떻게 될까요? 그런 사회에서는 '정해진 틀 안에서 살아가는 사람'만 생겨나서 개성과 재능을 발휘할 수 없습니다.

얼마 전에 지인과 이야기를 나누다가 아이들 용돈 이야기가 나왔습니다. 그 사람은 아이들에게 매우 혹독한 방법, 서로 불신에 빠지게 하는 방식을 취하고 있었습니다. 한 달 용돈이 정해져 있는 상태에서 아이가 집안일을 도와주지 않으면 용돈을 차감한다고 했습니다. 그랬더니 네 아이가 서로 앞다투어 부모에게 일러바칠 뿐 아니라 달력에 집안일을 빼먹은 사람의 이름까지 적는다고 하더군요. 이름이 적힌 만큼 용돈은 줄어듭니다. 아이들끼리 누가 집안일을 하는지 안 하는지 감시하게 되어 결과적으로 아이들에게 주는 용돈 총액을 줄일 수 있는 전략이라고 설명했습니다.

여러 가지 의미에서 굉장하다 싶었습니다. 그 방식을 계속 이어 나간다면 집안 분위기가 살벌해질 게 뻔합니다.

이 정도로 심하지는 않지만 "너 자꾸 그러면 용돈 깎는다" 라는 말은 쉽게 하는 것 같습니다. "갖고 싶은 게 있으면 용돈 모아서 사"라고 해놓고 갑자기 용돈을 깎는다니 해도 해도 너무하지 않습니까? 아이에게 인내를 강요하는 것으로 모자라 협박까지 하다니 말입니다.

친척에게 용돈을 받았을 때 "너한테는 너무 많아" "넌 그만큼 필요 없잖아"라고 말하는 것도 아이의 자존감을 깎아내릴 수 있습니다. 용돈은 아이를 통제하는 무기가 될 수 있기 때문입니다.

돈을 주는 쪽의 사정을 분명하게 전달한다

아이가 뭔가를 갖고 싶어 할 때마다 프레젠테이션을 시키고 돈을 주는 방식은 올바른 경제 관념을 키우지 못할 것 같다고요? 아이의 일방적인 주장으로 끝나버리면 그럴 수도 있습니다. 그러므로 돈을 주는 쪽의 형편도 분명하게 전달해야 합니다. 아이가 "지금 우리 집 형편이 어떤지는 알지만, 그래도 이건 꼭 갖고 싶어"라고 한다면 그건 그것대로 금전 관념을 제대로 갖추고 있다고 봐도 무방하지 않을까요?

저도 어릴 때는 "이거 사줘, 저거 사줘" 떼를 쓰며 자랐습니다. 그럴 때 부모님은 "넌 돈이 하늘에서 떨어지는 줄 아니?" "돈이 열리는 나무 같은 건 없단다"라고 말씀하셨습니다.

나중에 생각해보니 그때 부모님은 우리 집의 경제 상황 같은 건 일절 언급하지 않았습니다. 전체 수입은 이러이러한데 월세 등 고정 지출비가 얼마고, 식비가 얼마고, 그래서 매달 이 정도 돈밖에 안 남는다고 구체적으로 알려주셨더라면 어려도 나름대로 받아들일 수 있었을 것입니다.

많은 이들이 아이에게 가정 형편을 밝힐 필요는 없다고 하는데 그건 틀린 생각입니다. 아이가 직접 프레젠테이션 할 수 있을 만큼 자랐다면 "지금 우리 집은 이런 상황이야"라고 아이에게 솔직히 말해도 괜찮습니다.

막연하게 "우리 집은 가난해"라고만 하면 아이는 실제보다 더 돈이 없다고 생각해서 욕구를 억누르게 됩니다.

'있다'와 '없다'의 기준은 주관적입니다. 얼마나 있으면 '돈이 있다'라고 말할 수 있는지도 사람마다 다릅니다. 아이에게는 금액을 명료하게 숫자로 알려주고 '내 생각은 이렇다'라고 솔직하게 말해주면 됩니다.

돈 때문에 아이의 창의성을 파괴하면 안 된다

여기서 주의해야 할 점은 무턱대고 "안 돼"라는 말부터 하지 말라는 것입니다.

일본의 대표적인 연예 기획사의 신인 개그맨이 무대에 한 번 서고 받는 돈이 500엔밖에 안 된다는 사실이 한때 화제가 된 적이 있습니다. 개그맨 입장에서는 교통비도 들고 무대 뒤에서 기다리는 시간도 있기 때문에 500엔 받을 거면 차라리 안 받는 게 낫다고 생각할 수도 있습니다. 그런데 실은 신인 개그맨이 무대에 서는 것 자체가 회사 입장에서는 거의 적자입니다. 관객을 한 명도 동원하지 못하는 신인에게 무대에 설 기회를 주는 것이기 때문에 회사가 적자를 감수하고 있다는 사실을 알아야 합니다. 이렇게 입장을 바꿔보면 500엔도 적은 금액이라고만 할 수 없다는 걸 알 수 있습니다.

그래서 저는 그 기획사의 대표에게 "소속 개그맨에게 수입과 지출을 알려주면 어떻겠습니까?"라는 말을 했습니다. 운영 상황을 알면 500엔이 얼마나 고마운 돈인지 알게 될 거라 생각했기 때문입니다. 대표는 제 말을 유심히 듣더니 다음과 같이 답했습니다.

"아이에게 우리 집은 가난해서 크리스마스 선물 살 돈이 없다고 있는 그대로 말해주면 어떻게 되겠습니까? 아이는 갖고 싶은 게 있어도 솔직하게 말을 못 하게 됩니다. 창의력은 예산과 상관없이 이러이러한 걸 해보고 싶다는 발상에서 생겨납니다. 그래서 우리는 비록 적자가 나더라도 할 수 있는 건 해주면서 불평도 들어주고 있습니다. 가족은 그런 거니까요."

이 말을 듣고 저는 큰 감동을 받았습니다.

그렇습니다. 돈 때문에 창의력을 짓밟게 된다면 큰 손해입니다. 가정 형편을 솔직하게 털어놓든 털어놓지 않든 '이걸 갖고 싶어' '이걸 해보고 싶어'라는 아이의 감정을 존중하며 "지금은 힘들지만 다음에 사줄게"라든가 "신제품은 무리지만 중고라면 괜찮아"라며 함께 대안을 찾아보는 태도가 중요합니다. 제한된 상황에서 뭘 할 수 있을지 아이와 같이 생각해보는 게 더 중요합니다.

금전 감각을 익힐 수 있는 용돈

마지막으로 글로벌 시대를 대비하여 각국의 용돈 사정에 관해 이야기해보겠습니다.

미국 아이들도 부모에게 용돈을 받아서 쓰지만, 우리와는 감각이 다소 다릅니다. 애당초 용돈으로 받는 금액이 우리의

10배쯤 됩니다. 일본 초등학생의 한 달 평균 용돈은 한화 기준 1만 원이지만, 미국의 10세 이하 아동이 매달 받는 용돈은 약 5만 원에서 10만 원 사이입니다. 우리 입장에서 보면 "그렇게나 많이?"라며 눈이 휘둥그레질 것입니다.

왜 그렇게 많이 주느냐 하면, 그 돈으로 옷이며 학용품 등 필수품까지 구입하기 때문입니다. 용돈이 남으면 갖고 싶은 물건도 사고 놀 때 쓰기도 합니다. 직접 필수품을 사보면서 금전 감각을 익히는 방식입니다.

또 미국 아이들은 어릴 때부터 동네에서 심부름을 해주고 돈을 벌기도 합니다. 이웃집 잔디 깎기, 강아지 산책시키기, 베이비시터 등의 아르바이트를 통해 '다른 사람에게 도움을 주고 보수를 받는다'라는 감각을 키웁니다. 이런 아르바이트에는 지역 공동체의 '정당한 주변적 참여'라는 의미도 포함되어 있습니다.

'정당한 주변적 참여'란 학습 과정에서 공동체의 주변적 참여로 시작해서 핵심 구성원이 되어간다는 개념으로, 미국은 어릴 때부터 나이에 맞는 아르바이트를 통해 아이를 지역 공동체에 참여시키고 있습니다.

우리나라는 고등학생 때부터 아르바이트를 시작하는 경우가 많습니다. 가계를 돕거나 본인이 갖고 싶은 물건을 사기 위해서 아르바이트하는 경우가 대부분입니다. 아직 우리나라에는 어린아이에게는 되도록 일을 시키고 싶지 않다고 생각하는 부모가 많은 것 같습니다.

외국에서는 용돈으로 남에게 베푸는 일이 흔하다

용돈을 주로 어디에 사용하는지도 나라마다 다릅니다.

아이들의 경제 관념과 발달심리학 연구 성과를 정리한 『어린이와 돈子どもとお金』이라는 책을 보면 일본 아이들은 용돈이란 자기 자신을 위해 쓰는 것이라고 생각하는 아이가 대부분이라고 합니다. 용돈으로 친구에게 뭘 사준다거나 돈을 빌려주는 것은 나쁜 행동이라고 생각합니다. 아마 부모가 그렇게 가르치기 때문일 겁니다.

한편 베트남은 친구와 같이 먹을 과자를 살 때 돈이 있는 사람이 내면 된다고 합니다. 누가 많이 내고 누가 적게 내는지 신경 쓰지 않는다고 합니다.

한국도 용돈으로 친구에게 과자를 사준다고 합니다. "지난번에는 네가 냈으니까 이번에는 내가 낼게"라는 방식으로 공평성을 유지합니다. 한국의 한 초등학교 4학년 아이는 용돈을 많이 안 썼다는 이유로 부모에게 혼이 났다고 합니다. "앞으로는 용돈으로 친구랑 같이 더 많이 사 먹어"라며 야단을 맞았다는 것입니다. 한국에서는 남을 위해 용돈을 쓰는 게 당연하다는 인식이 있습니다.

일본인들은 자기 것은 자기 돈으로 구입합니다. 한 아이는 아이스크림을 사 먹고, 옆에 있는 다른 아이는 아무것도 먹지 않는 모습을 흔히 볼 수 있습니다. 심지어 두 아이는 그 상황을 조금도 이상하게 여기지 않습니다. 이런 순간에도 '곤란한 사람을 보면 도와주어라'보다 '남에게 피해 주면 안 된다'라는 고정관념이 드러나는 것 같습니다.

글로벌 시대에도 "갖고 싶은 게 있으면 용돈 모아서 사"라는 말만 계속 주장한다면 아이가 누구와도 어울리지 못해 고립될지도 모릅니다.

2장

감정을 전달하지 못하게 하는 주문
"지금은 바쁘니까 나중에"

꿈보다
가치관을 고려한다

 커서 뭐가 되고 싶니?

 이러이러한 게 재미있지 않니?

"우리 애는 꿈이 없는 것 같아요"라며 고민하는 부모들의 상담을 무척 많이 받습니다.

부모는 자기 아이가 원대한 꿈을 꾸고, 그 꿈을 펼쳐나가기를 기대합니다. 그래서 아이에게 "커서 뭐가 되고 싶니?"라는 질문을 많이 합니다. 단언컨대 이런 질문은 절대로 하면 안 됩니다.

저는 학원에서 아이들에게 "네가 정말 하고 싶은 걸 해라" "두근두근 설레는 일을 선택해라"라고 말하곤 합니다. 때때로 "저도 애한테 똑같은 말을 하는데요. 우리 애는 하고 싶은 게 없나 봐요. 꿈이 없대요. 얘를 어쩌면 좋을까요?"라며 상담을 의뢰하는 부모도 있습니다.

"커서 뭐가 되고 싶니?"라는 질문에는 '나중에 커서 이걸 해라'라는 지시가 아니라 '네가 하고 싶은 일을 찾아서 하면 된다'라는 뜻이 담겨 있습니다. 그런 의미에서는 좋은 질문이라고 할 수 있습니다.

그런데 한번 생각해보시기 바랍니다. "커서 뭐가 되고 싶니?"만큼 어려운 질문도 없다는 걸 알 수 있을 것입니다.

아이에게 '장래 희망'이 뭐냐고 물어보면 자기가 아는 지식과 경험 안에서 대답하는 게 고작입니다. 예를 들어 스리랑카에 가본 적도 없고 스리랑카에 대해 잘 알지도 못하는 여러분에게 누가 "스리랑카에 가면 어디를 가고 싶어?"라고 물으면 뭐라고 대답하겠습니까?

"이름은 모르지만, 절 같은 곳?"

"차가 맛있는 지역?"

아마도 이런 식으로 대답하지 않을까요? 아이들도 똑같습니다.

아이들은 어떤 직업이 있는지도 잘 모를뿐더러 설령 이름은 알고 있다 한들 무슨 일을 하는지까지는 파악하지 못합니다. 아이 입장에서는 대답하기 어려운 질문을 해놓고 "넌 왜 꿈이 없니? 네 인생이니까 네가 생각해야지"라는 핀잔까지 하는 어른을 보면 도무지 이해할 수 없을 겁니다.

어쩌면 아이가 억울해할 가능성마저 있습니다.

부모, 교사, 선배, 점장과의 만남만으로 직업을 선택할 수 있을까?

아이가 꿈을 가지길 원한다면 무작정 "커서 뭐가 되고 싶니?"라고 묻지 말고 아이의 성격과 가치관 등을 고려하며 "이러이러한 게 재밌지 않을까? 두근거리지 않니?"라고 제안해보는 것이 좋습니다.

일본재무설계사협회나 일본경제단체연합회 등은 해마다 '아이들이 선호하는 직업 순위'를 조사하고 발표합니다. 운동선수, 교사, 의사, 경찰, 요리사, 연구원, 게임 개발자 등이 매년 상위권을 차지하고 있습니다. 2020년에는 재택근무의 영향인지 회사원이 순위에 들기도 했습니다. 고등학생쯤 되면 공무원이나 사무직이라고 대답하기도 합니다. 그런데 눈에 띄는 점은 매년 조사 결과가 별반 다르지 않다는 사실입니다. 아마 아이들이 친숙한 직업을 선택하기 때문이 아닐까 싶습니다.

한 진로 지도 전문가는 "아이가 성인이 될 때까지 만나는 어른은 부모, 교사, 선배, 점장, 이 네 종류다"라고 말했습니다. 내심 그럴듯하다는 생각이 들었습니다. 아주 어릴 때는 부모와 교사, 좀 더 자라면 선배, 아르바이트를 시작하면 점장과 만나게 됩니다. 아이들 세계에 존재하는 어른은 부모, 교사, 선배, 점장이 전부입니다. 그러다 보니 '엄마 아빠처럼 되고 싶다' '선생님처럼 되고 싶다' '저 선배처럼 되고 싶다' '점장님처럼 되고 싶다'라는 생각밖에 못 하는 것입니다.

전문가는 '내 아이가 이러이러했으면 좋겠다'라고 바란다면 부모 자신이 솔선수범해서 목표를 향해 열심히 노력하는 모습을 보여주는 것이 가장 좋은 지름길이라고 말하기도 했습니다. 아이가 큰 꿈을 갖길 바란다면, 부모가 먼저 큰 꿈을 갖고 노력하는 모습을 보여주면 된다는 말입니다. 저는 이 말에 백 퍼센트 동의합니다.

얼마 전에 간사이 지역에서 큰 인기를 얻고 있는 개그맨과 같이 식사할 기회가 있었습니다. 그 자리에서 그는 이런 말을 했습니다. "아이가 큰 꿈을 꾸길 바라는 게 부모 마음 아닙니까? 그래서 아이에게 한 번뿐인 인생, 꿈은 클수록 좋다는 말을 자주 해줬어요. 그런데 요번에 꿈이 뭐냐고 물었더니 뭐라는지 아세요? 글쎄, 파티시에가 되고 싶다고 하잖아요." 파티시에가 나쁜 꿈도 아닌데 그는 '고작 파티시에라니!'라는 느낌으로 말하는 것 같았습니다.

저는 그에게 그럼 당신이 먼저 '도쿄에 진출해서 자기 이름을 내건 프로그램을 진행하고 싶다 '세계적으로 유명한 개그맨이 되고 싶다'와 같이 꿈을 향해 도전하는 모습을 보여주면 되지 않겠느냐고 말했습니다. 그러자 그도 "과연, 그렇군요!" 하며 맞장구를 쳐주었습니다.

아이가 관심을 보이고 설렘을 느낄 만한 대상을 제시하는 것은 대단히 중요합니다. 아이가 뭘 좋아하는지 모르겠으면 파티시에의 어느 부분에 끌렸는지부터 물어보면 됩니다.

뭔가를 만드는 행위에 매력을 느꼈을 수도 있고 남에게 기쁨을 주는 것에 보람을 느끼는 아이일 수도 있습니다. "세계 제일의 파티시에가 되는 건 어떨까?" "사람들이 줄 서서 먹고 싶을 만큼 맛있는 빵을 만들어볼래?" "아무리 많이 먹어도 살찌지 않는 과자를 만드는 파티시에가 되면 좋겠다" 등등 아이의 가치관에 맞게 의견을 말해주면 아이의 눈빛이 달라질 것입니다. 파티시에도 '큰 꿈'입니다. 아이의 가치관을 고려하여 "이런 꿈은 어떨까?" 하고 제안해보시기 바랍니다.

앞에서 말한 사야카 이야기로 돌아가보겠습니다. 제가 사야카에게 게이오대학을 추천한 건 그 대학이 사야카가 설렘을 느끼는 포인트를 충족시켜줄 수 있을 것 같았기 때문입니다.

처음 만났을 때 사야카는 학년 전체에서 꼴찌였습니다. 노랗게 염색한 머리와 화려한 옷차림을 보건대 모범생과는 거리가 멀어 보였습니다. 사야카에게 어느 대학에 가고 싶냐고 물었더니 어떤 대학이 있는지 잘 모른다고 하더군요. "혹시 도쿄대는 아니?"라고 했더니 그 정도는 안다면서 "두꺼운 안경을 끼고 옷도 촌스럽게 입는 남자들만 다니는 학교잖아요"라고 대답했습니다. 물론 그건 편견이지만, 저는 그 대답에서 사야카의 가치관을 파악할 수 있었습니다.

"그럼 게이오대학은 어때? 게이오 보이라는 말은 들어봤어?"라고 묻자 "들어봤어요! 잘생긴 사람이잖아요. 아이돌인 사쿠라이 쇼도 게이오 보이예요!"

한순간 사야카의 눈빛이 반짝였습니다.

"게이오대학에 지망해볼래?"

"거긴 머리가 좋아야 하잖아요. 저는 머리가 나쁜데요? 친구들도 어이없어할 거고. 제가 게이오대학에 가고 싶다고 하면 다들 비웃을걸요?"

"그럴수록 그 대학에 합격하면 진짜 멋질 것 같은데?"

"그야 완전 멋지죠!"

사야카가 큰 소리로 웃었습니다. 그렇게 게이오대학을 목표로 공부를 시작했습니다.

여기서 '지금 네 성적을 보니 이 정도는 갈 수 있겠다' 같은 합리적인 이유나 '취업이 잘되는 과에 들어가야지' '이왕이면 명문대가 좋겠지'라는 어른의 사고방식으로 대학을 추천하지 않았다는 사실이 중요합니다. 잔뜩 멋을 부린 사야카라면 세련된 사람들에게 둘러싸여 있는 자신을 상상하며 의욕을 높일 수 있을 거라고 판단하고 그렇게 말한 것입니다.

소원 카드로 아이의 가치관을 파악한다

우리 학원에 처음 온 아이에게 저는 카드 한 장을 건네며 "만약 신이 나타나서 너에게 이 카드를 주고 거기 적는 건 뭐든지 다 들어주겠다고 하면, 너는 뭐라고 적을래?"라고 물어봅니다.

도쿄대에 합격하게 해주세요, 하버드대에 가고 싶어요, 부자가 되고 싶어요, 해적왕이 되고 싶어요, 엄마에게 집을 사주고 싶어요, 아랍의 석유왕과 결혼하고 싶어요 등등….

아이들이 적은 내용은 전부 다르지만, 이렇게 해보면 아이의 가치관을 살펴볼 수 있습니다.

사실 명문대에 가고 싶어 하는 아이와 해적왕이 되고 싶어 하는 아이 사이에는 공통점이 있습니다. 경쟁에서 이기고 일등이 되는 것을 중요하게 여긴다는 것입니다. 석유왕과 결혼하고 싶다는 아이는 아랍 사람이 좋아서 석유왕과 결혼하고 싶은 게 아닙니다. 부자가 되고 싶다는 아이처럼 안정된 생활을 중요시하는 것입니다. 엄마에게 집을 사주고 싶다고 대답한 아이는 인정이 많고 보답을 중시하는 성향일 것입니다.

아이가 "이런 걸 하고 싶어" "이런 게 좋아"라고 했을 때 부모가 본질적인 부분을 파악해서 "그럼, 이렇게 되면 정말 좋을 것 같은데?"라는 최상의 상황을 제시해준다면 아이의 눈이 초롱초롱 빛날 것입니다.

그런 이야기는 쏙 빼고 "커서 뭐가 되고 싶어?"라고만 묻는 것은 무의미합니다. 아이가 "난 하고 싶은 게 없어" "난 꿈도 없어"라고 자신을 비하하게 만드는 역효과를 초래할 가능성도 있습니다.

아이에게 뭐가 되고 싶은지 물어보기 전에 아이가 뭘 좋아하고 뭘 중요하게 여기는지 아이의 가치관을 확인해보십시오. 그런 다음 "이런 직업도 있어, 이런 일도 멋있지?"라고 알려주면 좋습니다. 절대로 강요하면 안 됩니다.

'스스로 생각하는 아이'로
키우는 말

 알았어, 콜라 줄게.

 목말라?

　"잠자코 듣기나 해!" "말대꾸하지 마!"와 같은 말은 아이에게 "생각하지 마!"라고 명령하는 거나 다름없습니다. "시키는 대로 해!"도 마찬가지입니다. 스스로 생각하지 못하고 시키는 대로만 한다면 로봇과 다를 바가 없습니다. 그런 아이는 인공지능 시대에 절대로 활약할 수 없습니다.

"잠자코 듣기나 해!"는 아이의 기분을 철저히 무시하는 말입니다. 이런 말을 듣고 자란 아이는 자존감과 자립심이 낮을 수밖에 없습니다.

아이에게 "그냥 엄마 말 들어!"라고 말해야 하는 상황도 있다, 아이가 원하는 대로 다 들어주는 '과잉보호'는 옳지 않다고 생각하는 부모도 있을 겁니다.

'과잉보호'와 '과잉 간섭'에 관해 한 정신과 의사는 이렇게 말했습니다. "과잉보호가 나쁘다는 과학적인 근거는 없습니다. 과잉보호에 대해 이러쿵저러쿵 말들 하지만, 실제로는 과잉보호라고 부를 정도로 부모가 아이의 요구를 과하게 들어주는 경우는 거의 없습니다. 너무 바빠서 아이의 요구를 일일이 들어주기는커녕 제대로 마주 보지도 않거든요."

아이가 "~하고 싶어"라고 하면 질문으로 대답하자

저는 그 의사의 말에 동의합니다. 예를 들어 아이가 "콜라 마실래"라고 했다고 가정해보겠습니다.

"탄산음료 너무 많이 마시면 안 돼. 물 마셔." "싫어. 콜라 줘. 콜라, 콜라." "안 된다고 했지? 물이 몸에 좋으니까 물 마셔. 제발 말 좀 들어." 이런 대화가 과잉 간섭이라면 "알았어,

콜라 줄게"는 과잉보호에 해당하는 것일까요?

아닙니다. 이 경우는 둘 다 아이의 요구를 제대로 들어주고 있다고 보기 어렵습니다. 애당초 아이가 원하는 건 콜라가 아닐지도 모릅니다. 콜라 마시고 싶다는 말로 목이 마르다는 사실을 전달하고 싶었거나 스마트폰만 들여다보는 엄마에게 자기를 봐달라는 메시지를 전한 것일 수도 있습니다.

그러므로 아이가 "콜라 마실래"라고 했을 때 안 돼, 혹은 알았어로 대답하지 않고, "목말라?" 혹은 "심심했어?" 등 아이가 뭘 말하고 싶어 하는지 알아내기 위해 질문을 한 가지 이상 던져보는 것이 좋습니다.

말을 하는 당사자도 자신이 뭘 원하는지 모를 때가 많습니다. 하물며 어린아이는 더 심하겠죠.

심리학에서는 이것을 '숨겨진 니즈hidden needs'라고 부릅니다. 숨겨진 니즈를 잘 파악해야 사회에서 성공할 수 있습니다. 상사, 고객, 거래처의 숨겨진 니즈를 알아채고 대응할 수 있는 사람이 성공하는 것은 당연한 결과입니다. 반면, "콜라 마실래"라는 표면적인 요구에 대해 "안 돼"라거나 "알았어"라고 대답하는 사람은 커뮤니케이션 능력이 로봇 수준밖에 안 된다고 봐도 무방합니다.

일반적으로 아이들이 원하는 거라면 뭐든지 "알았어" 하고 받아들이는 것을 '과잉보호'라고 말들 하지만, 그런 태도를

'아이의 요구에 과잉 반응한다'라고 보기는 어렵습니다.

요컨대 "잠자코 듣기나 해!" "말대꾸하지 마!"라는 말과 뭐든지 "알았어"라는 말은 표면적으로는 전혀 다르지만 본질은 같습니다. 어느 쪽이 더 낫다고 평가하기도 어렵습니다. 중요한 건 아이가 진짜 원하는 것이 무엇이며 어떻게 생각하는지를 물어보는 것입니다.

스스로 판단하지 못하는
아이를 만드는 말

 다른 애들도 다 하잖아.

 지금은 ~하는 시간이야.

  일본 부모들은 "다른 애들도 다 하잖아"라는 말도 많이 사용합니다. 이 말에는 "다른 애들도 다 하니까 너도 해야지"라는 뜻이 담겨 있습니다.

  혹시 각국의 국민성을 비교할 때 자주 등장하는 '난파선 이야기'를 알고 계십니까? 세계 각국에서 온 사람들이 호화

유람선에 타고 있었습니다. 배가 난파하기 직전에 탈출 보트가 부족하다는 사실을 알게 된 선장은 뭐라고 하면 사람들이 바다에 뛰어들지 고민했습니다. 미국인에게는 "바다에 뛰어드는 사람은 영웅이 될 겁니다", 이탈리아인에게는 "바다에서 미녀가 헤엄치고 있어요", 프랑스인에게는 "절대로 바다에 뛰어들면 안 됩니다", 독일인에게는 "규칙이니까 바다에 뛰어들어야 합니다"라고 말했습니다.

그렇다면 일본인에게는 뭐라고 했을까요? 맞습니다. "다른 사람들도 다 바다에 뛰어들고 있어요"라고 했다고 합니다.

한번은 미국 뉴욕으로 이주한 지인에게서 이런 이야기를 들었습니다. 여름방학을 맞아 일본에 돌아와 있는 동안 아이를 일본의 공립학교에 보내고 싶었다고 합니다. 그런데 학교에 간 아이가 하루 만에 진저리를 치더랍니다. 그 이유는 바로 "다른 애들도 다 하잖아" 때문입니다.

여자아이였는데 점심시간에 다른 아이들보다 밥을 먹는 속도가 느렸나 봅니다. 그러자 선생님이 "다른 애들은 벌써 다 먹었어"라고 하더랍니다. 그 아이는 속으로 '다른 애들이 다 먹은 거랑 나랑 무슨 상관이지?'라고 생각했습니다. 그리고 아이는 다음 날부터 학교에 가기를 거부했다고 합니다.

우리는 단체 행동과 규율을 중요시합니다. 그렇다고 그게 나쁘다는 말은 아닙니다. 다만 다른 사람들이 하는 건 무조건 좋은 거다, 그러니까 따라야 한다는 사고방식에는 문제가 있습니다. "다른 애들도 다 하잖아"라는 말을 반복적으로 듣고 자란 아이는 스스로 판단하거나 선택하지 못하고 주위 사람들이 하는 대로 따라 하면 된다고 생각하게 됩니다. 아이에게는 "지금은 ~하는 시간이야"라고 말해주는 게 훨씬 낫습니다.

수업 시간에 선생님 말씀에 집중하지 못하고 교실 안을 이리저리 돌아다니는 아이가 있다면 "다른 애들은 다 앉아 있잖아"라고 하지 말고 "지금은 앉아서 수업 듣는 시간이야"라고 말해주면 됩니다.

바빠서 지금 바로
아이의 말을 들어줄 수 없을 때

 지금은 바쁘니까 나중에!

 지금 ○○하고 있으니까 30분만 기다려줄래?

직장 일과 육아를 병행하느라 부모들은 눈코 뜰 새 없이 바쁜 시간을 보내고 있습니다. 그러다 보니 자기도 모르게 "지금은 바쁘니까 나중에"라는 말을 입에 달고 살게 됩니다. 바빠서 아이에게만 집중하지 못할 때도 있습니다. 매번 하던 일을 멈추고 아이만 바라볼 수는 없는 노릇입니다.

그렇다고 습관적으로 "지금은 바쁘니까 나중에"라고 말해버리면 아이가 외로움을 타게 됩니다. 그런 상황을 반복적으로 겪은 아이는 고민거리가 있을 때도 '어차피 내 이야기에는 관심 없잖아'라며 혼자 자기만의 세계에 틀어박히게 됩니다.

할 이야기가 있어서 사랑하는 사람에게 전화를 걸었는데 상대가 "지금은 바쁘니까 나중에"라는 말만 하고 끊어버리면 기분이 어떨까요? '바쁘다고? 왜 바쁜지 이유라도 설명해주면 좀 좋아?'라는 생각이 들 것입니다. 상대방 역시 연인을 진심으로 사랑한다면 지금 통화할 수 없는 이유를 제대로 설명해주어야 합니다. 상대방이 당장 내 이야기에 귀를 기울여주지 않아서가 아니라 나를 소홀히 여긴다는 생각이 들어서 외롭고 슬퍼지는 것이기 때문입니다.

아이도 어른과 똑같습니다. 그러니 아이에게 상황을 설명해주는 것이 좋습니다. 바쁜 이유와 언제쯤 바쁜 일이 끝나는지를 가능한 구체적으로 전달해주세요.

"지금은 엄마가 친구랑 중요한 이야기를 해야 해서 바쁘니까 30분만 기다려줄래? 30분 뒤에는 네 말을 실컷 들어줄게."

"그림 그렸다고? 엄마가 메일 보내고 나면 꼭 보여줘! 5분이면 끝날 거야."

이렇게 알아듣게 말해주면 아이의 반응도 확실히 달라질

것입니다.

덧붙여 '내가 중요해? 일이 중요해?' 문제도 비슷한 사례입니다. 일에 빠져 정신없이 지내다 보면 불안감을 느낀 연인에게서 "내가 중요해? 일이 중요해? 어느 쪽이야?"라는 날카로운 질문이 날아옵니다. "물론 너지"라고 대답한들 상대는 그냥 넘어가지 않습니다. 자신을 하찮게 여기는 듯한 태도에 화가 나 있기 때문입니다. 그러면 뭐라고 대답하면 좋을까요?

"지금은 일이지만 평소에는 네가 일순위지." 평소에는 네가 더 중요하지만 지금은 어쩔 수 없이 일을 우선시해야 한다는 뜻을 전하는 것입니다. 그렇지만 이렇게 대답하면 연인이 이해해줄 거라고 백 퍼센트 장담은 못 합니다. "내가 중요해? 일이 중요해? 어느 쪽이야?"라는 말이 안 나오도록 평소 대화를 충분히 하는 것이 우선일 겁니다.

중요한 업체와 미팅 중이거나 마감이 코앞이라는 이유로 "지금은 바쁘니까 나중에"라는 말로 넘어가려고 하는 것은 자기가 무슨 말을 해도 이 관계는 깨지지 않을 것이라고 믿는 사람의 어리광인지도 모릅니다. 아이를 상대로 할 때도 똑같습니다. 그러므로 상황 설명을 제대로 해주고 상대방을 소중히 여긴다는 마음을 전달하는 것이 중요합니다.

일과 육아,
두 마리 토끼를 잡으려면

 어른들 말하는데 끼어드는 거 아니야.

 "잠깐 인사할래?"라며 대화에 끼워준다.

아이와 같이 있는데 전화가 걸려왔습니다. 통화가 끝난 뒤에 아이가 "무슨 이야기했어?"라고 물어보면 뭐라고 대답하시나요?

업무와 관련된 이야기, 혹은 어른들의 복잡한 사정이 얽힌이야기여서 선뜻 말해주기 곤란할 때도 있습니다. 어차피 이야기해줘도 못 알아들을 테니까 "아무것도 아냐, 그냥 어른들 이야기"라며 얼렁뚱땅 넘어가는 경우도 있을 겁니다. 통화하는데 아이가 옆에서 "누구야? 무슨 이야기하는데?"라며 자꾸 보채면 "네가 끼어들 때가 아냐!"라며 심하게 혼내는 부모도 있습니다. 어쩌면 재택근무가 늘어나면서 이런 일이 더 많아졌을지도 모르겠습니다.

그럴 때면 "무슨 이야기해?"라는 질문의 배경에 무엇이 있는지 생각해봐야 합니다. 어쩌면 아이가 '나도 끼워줘'라는 신호를 보내는 것일 수도 있습니다.

부모가 그 신호를 무시하고 "그냥 어른들 이야기"라며 딱 잘라 말해버리면 그 시점에서 아이는 소외감을 느낍니다. 마음이 다칠 수도 있습니다. 학교 등에서 '집단 따돌림'이 빈번하게 일어나고 있다는 소식을 접할 때마다 어쩌면 그런 따돌림의 시작이 가정일지도 모른다는 생각이 들곤 합니다.

어른들 이야기라며 무시하지 말고 "지금은 이러이러한 일로 ○○과 통화 중이야"라고 짧게 설명해주세요. 비록 아이가 이해하지 못하는 내용이더라도 말해주는 것이 좋습니다. 아이의 반응은 "흐음"이 전부일지 몰라도 부모의 설명을 들으면서 아이는 기쁨을 느낍니다.

혹시 전화 상대가 불편해하지 않으면 "잠깐 인사할래?"라며 아이를 대화에 끼워주는 것도 좋습니다. 10초 동안 인사만 해도 아이는 소속감을 경험할 수 있습니다. 그런 다음 "지금 일 이야기 중이니까 잠깐만 기다려줄래?"라고 말해주는 겁니다. 이렇게만 해도 아이가 느끼는 기분이 확 달라집니다.

부모의 일 이야기가 아이의 '직업관'을 키운다

앞에서 언급했던 '장래 희망'과 이어지는 이야기를 좀 더 해보겠습니다. 부모들은 아이가 전혀 모르는 분야라고 생각해서인지, 아니면 아이가 부모의 일에는 관심이 없을 거라 생각해서인지 아이 앞에서 일과 관련된 이야기를 좀처럼 꺼내지 않는 경향이 있습니다. 저는 부모들이 아이들에게 일에 관해 더 많이 이야기해주어야 한다고 생각합니다.

개별지도를 하면서 만난 아이들은 자신의 부모가 어떤 일을 하고 있는지 모르는 경우가 대부분이었습니다. 기껏해야 회사에 다닌다거나 가게를 하고 있다고 말하는 정도이지, 부모가 일하고 있는 회사 이름이나 구체적으로 어떤 업무를 담당하는지는 모르는 경우가 많습니다. 저는 아이들이 부모의 직업에 대해 잘 모른다는 사실이 무척 충격적이었습니다. 이래서는 아이들의 직업관을 키울 수 없습니다. 사정이 이렇다 보니 초등학생의 장래 희망이나 고등학생의 장래 희망이 거기서 거기인지도 모르겠습니다.

저는 업무상 식사 자리를 가질 일이 생기면 일단 "가족을 데려가도 될까요?"라고 물어봅니다. 그런 자리는 아내와 아이들에게 제가 어떤 사람들을 만나 어떤 일을 하는지 보여줄 수 있는 기회입니다. 또 가족끼리 알고 지내면서 좋은 관계를 만들 수 있다는 장점도 있습니다.

직장에 아이를 데리고 가는 건 힘들어도 평소 대화를 통해 일과 관련된 이야기를 들려주거나 전화 업무나 화상 회의의 모습을 잠깐 아이에게 보여주는 것 정도는 가능하지 않을까요?

직업 체험 학습 같은 것도 좋겠지만, 그보다 부모가 아이에게 자기 일에 관해 이야기해주는 것이 먼저입니다. 거기서 무엇을 느끼고 배울지는 아이에게 달렸겠지만, 일과 직업에 관해 스스로 생각해볼 수 있는 좋은 기회가 되리라는 것만은 분명합니다.

'타협' 대신
'규칙'을 만든다

 빨리해!

 어떻게 하면 빨리할 수 있을지 물어보고 규칙을 만든다.

바쁠 때는 자기도 모르게 "빨리해!"라는 말이 튀어나옵니다. '빨리하는 것'이 구체적으로 어떻게 하는 건지 아이는 이해하고 있을까요? 아이가 제대로 이해하지도 못하는 상황에서 자꾸 다그치기만 한다면 그건 분명 문제입니다. 무턱대고

"빨리빨리!"라고 몰아붙이는 말을 듣고 기분이 좋을 사람은 없습니다. 부모에게도 좋은 결과가 돌아오지 않습니다.

아이를 유치원에 보내야 해서 8시 30분에는 집을 나서야 한다고 가정해보겠습니다. 그때까지 준비물을 챙기고, 화장실에서 볼일도 보게 하고, 양말도 신겨야 합니다. 이걸 다 하려면 15분은 걸리므로 8시 15분에는 시작해야 합니다. 아이가 이런 과정과 '오늘은 늦장 부리다가 8시 20분에 시작하게 됐다'라는 상황을 인식하고 있다면, 엄마가 "빨리빨리!"라고 했을 때 무엇을 얼마나 빨리해야 하는지 알 수 있습니다. 오히려 스스로 빨리하기 위해 노력할 것입니다.

그러나 대부분의 경우 아이들은 뭘 어떻게 해야 하는지 알지 못합니다. 더 확실히 말하자면 아이들은 '서둘러야 하는 이유'조차 모르고 있습니다. 그렇기 때문에 아이들은 어른이 원하는 대로 움직여주지 않습니다.

최근에 만났던 지인에게 이런 이야기를 들었습니다. 평소 아침 6시에 일어나서 준비하는데서 그날은 6시 30분에 일어났다고 합니다. 지인은 그 시점에서 이미 늦었다는 걸 인식하고 아이에게도 빨리 준비하라고 말했습니다. 그런데 하필이면 그날따라 아이가 씨앗을 세기 시작하는 바람에 아주 난리가 났다고 합니다. 그 순간 지인은 아이에게는 우선순위라는 개념이 없다는 것을 깨달았다고 말했습니다.

그렇지만 반대로 그 아이에게는 전날 가지고 놀았던 씨앗을 세는 일이 우선순위였을 수도 있습니다. 그냥 "빨리해!"라는 말만으로는 무슨 일이 벌어질지 예측할 수 없습니다.

일관성을 잃으면 타협이 시작된다

그러면 어떻게 하면 좋을까요?

교육의 기본은 '일관성'과 '습관화'입니다. 이건 세뇌도 똑같습니다. 일관성을 유지하고 습관화시키면 가치관을 갖고 행동하게 됩니다. 이때 상대방의 감정을 중요시하면 교육이고, 그렇지 않으면 세뇌입니다.

양치질을 예로 들어 설명해보겠습니다. 윗니는 왼쪽에서 오른쪽으로, 아랫니는 오른쪽에서 왼쪽으로 닦으라고 아이에게 가르쳤습니다. 하루는 아이가 오른쪽 아랫니를 닦다가 하기 싫다고 떼를 쓰기 시작합니다. 이럴 때 "반 이상 했으니까 오늘은 그만하자"라고 봐주면 안 됩니다. **일관성을 잃으면 그때부터는 타협이 시작되기** 때문입니다. 아이는 자기가 투정을 부리면 이를 다 안 닦아도 된다는 사실을 깨닫고, 울음소리와 몸부림의 강도를 조절하면서 부모와 타협할 수 있게 됩니다.

평상시에는 "밥 남기면 안 돼"라고 해놓고 "오늘은 그만큼 먹었으면 됐어"라고 봐주는 것도 일관성을 무시하는 행동입니다.

'빨리해!'도 마찬가지입니다.

"빨리빨리 좀 해!"

"이게 제일 빨리하는 거야."

"더 빨리하라니까!"

"엄마가 자꾸 짜증 내면 더 천천히 할 거야!"

대부분 이런 식으로 타협이 이루어집니다.

양쪽 모두 서로를 통제하기 시작합니다. 부모는 화를 내거나 벌을 주면서, 아이는 일부러 물건을 집어 던지거나 소리를 지르면서 자신의 요구를 관철시키려고 합니다. 이후의 상황은 굳이 말하지 않아도 짐작할 수 있을 겁니다.

그러므로 "빨리해!"라고 말하고 싶은 상황을 극복할 수 있게 일관성 있는 규칙을 만들고 그 규칙을 습관화하는 것이 필요합니다. "8시 30분에 집에서 나가려면 어떻게 해야 할까?"라고 아이에게 물어보고 같이 규칙을 만드는 것이 좋습니다.

이때 부모가 규칙을 만들어서 아이에게 일방적으로 통보하지 않고 아이와 같이 의논하면서 만드는 것이 포인트입니다. 직접 규칙을 만들었기 때문에 아이는 그 규칙을 비교적 수월하게 지킬 수 있습니다. 최종적으로 부모가 "이제 이렇게 규칙을 정할게"라고 선언하더라도 같이 의논하는 과정을 거쳤다는 사실이 아이에게는 의미가 있습니다.

빨리 집에 가야 하는데
아이가 말을 듣지 않을 때

 너 하고 싶은 대로 해! 엄마는 이제 상관 안 해!

 이다음에 할 일이 있어서 이제 집에 가야 해, 부탁할게.

　집에 갈 시간인데도 안 가고 더 놀겠다며 버티는 아이들 때문에 엄마들이 고전하는 사례는 너무나 많습니다. 아이가 계속 고집을 부리면 "그럼 엄마 먼저 간다"라는 말을 던지며 자리에서 일어나 안 보이는 곳에 숨는 시늉을 합니다.

물론 어린아이를 혼자 두고 가는 엄마는 없습니다. 먼저 가겠다는 거짓말로 아이의 행동을 통제하고 싶을 뿐입니다.

"네가 하고 싶은 대로 해!" "엄마는 이제 상관 안 해!" 역시 같은 경우입니다. 정말로 아이 마음대로 해도 된다거나 진짜 이제 상관하지 않겠다는 뜻이 아닙니다. 단순한 거짓말이죠.

'교육을 위해서는 거짓말도 필요하다'라는 방침을 갖고 있다면 어쩔 수 없습니다. 문제는 아이의 행동을 통제하기 위해 자신은 거짓말을 하면서 아이에게는 "거짓말은 절대로 하면 안 된다"라고 가르치는 경우입니다. 거짓말은 하면 안 된다고 가르치던 부모가 거짓말을 하면 아이는 혼란에 빠집니다. 어느 쪽을 따라야 할지 판단할 수 없게 됩니다.

"네가 하고 싶은 대로 해!"라는 말을 꼭 해야겠다면 한마디만 더 덧붙였으면 합니다.

"엄마도 스트레스 때문에 너무 힘들어. 그러니까 네가 하고 싶은 대로 해!"

"네가 하고 싶은 대로 하라고 말하고 싶지만, 진심은 아니야."

이렇게 하면 왠지 속마음을 털어놓은 것 같아서 속이 시원해지기도 합니다.

교육 차원에서 아이에게 감추기도 하고 때로는 거짓말도 필요하다고 생각하는 부모도 있겠지만, 아이들은 부모가 생각하는 것 이상으로 비밀과 거짓말을 잘 알아챕니다.

제 지인인 니시노 아키히로 씨는 인기 개그맨이자 『굴뚝마을의 푸펠』 등의 그림책을 출간한 작가입니다. 사람들은 그의 그림책을 보고 "아이들이 이해하기에는 어려워 보이는데 정말 아이들을 위한 그림책이 맞습니까?"라는 질문을 많이 합니다. 그럴 때 그는 이렇게 대답한다고 합니다. "어른이 더 똑똑하다는 건 착각입니다." 아이들은 단순한 이야기가 아니면 이해하지 못할 거라는 어른의 생각이 틀렸음을 지적하며 일침을 가한 겁니다. 어차피 아이들은 이해하지 못하니까 속여도 된다는 생각은 아이들을 무시하는 것입니다.

프랑스의 사상가 루소는 '어린이'를 처음 발견한 사람입니다. 그때까지 어린이란 '미성숙한 어른' 정도로 받아들여졌는데 루소는 그렇지 않다고 반박했습니다. 아이는 미성숙한 어른이 아니라 어른과 다른 고유한 가치를 가진 사람이라고 말입니다.

집에 안 가겠다고 버티는 아이에게 "먼저 간다"라는 말 대신 "이다음에 할 일이 있어서 이제 집에 가야 해, 부탁할게"라는 말로 진심을 전해주세요. "부탁을 들어주면 아이스크림 사줄게"라고 거래하는 것도 나쁘지 않습니다. 아이에게 겁을 주고 거짓말하는 것보다는 아이가 스스로 선택하고 행동할 수 있는 거래가 훨씬 낫습니다.

아이에게
불신감을 심어주는 말

 ⟨ 다 너를 위해서야.

 ⟨ 지금은 상황이 이래서 힘들어.

'다 너를 위해서'라는 말이 거짓일 리는 없습니다. 근본적으로 부모는 아이를 사랑하고 아이가 잘되기를 바라고 있습니다. 그런데도 왜 "너를 위해서야"라는 말을 들으면 진정성이 느껴지지 않는 것일까요?

부모가 그렇게 말하는 건 아이가 '엄마 아빠를 위해서잖아'라고 느끼게 하는 상황이 대부분이기 때문입니다. 아이를 위하는 마음이 제대로 전달된다면 군이 '너를 위해서'라고 말할 필요가 없을 겁니다. 경우에 따라서 '맨날 엄마 아빠가 원하는 대로 했으면서 이제는 거짓말까지 하는 거야?'라며 아이의 불신감이 최고조에 달할 가능성도 있습니다.

어른들은 다양한 경험과 지식을 갖추고 있기에 종합적으로 생각해서 최선의 선택을 내리는 데 익숙합니다. '너를 위해서'라는 말은 시간, 노력, 금전, 형제와의 균형, 부모 자신의 인생 등 온갖 제약 조건을 고려하여 최선의 선택을 내렸다는 뜻입니다. 되도록 아이에게 맞춰주고 싶지만 그럴 수 없는 상황도 있으니까요.

"대도시에서 사립대학에 다닐 건데요. 그러려면 혼자 자취할 집이 필요해요. 넓고, 보안도 철저하고, 교통도 편리하고, 이왕이면 끝 집이었으면 좋겠어요." 현실적으로 생각할 때 이런 조건을 백 퍼센트 만족시키는 집을 찾기란 여간 어려운 일이 아닙니다. 다양한 조건을 비교하며 종합적인 판단을 내려야 하는 상황이 일상에는 비일비재합니다.

하지만 아이는 이런 여러 가지 제약 조건을 이해하지 못하기 때문에 '엄마 아빠를 위해서잖아'라고 받아들이게 됩니다.

그러므로 부모는 아이 앞에서 괜한 허세를 부리기보다는 지금의 상황과 제약을 솔직하게 전달하는 게 좋습니다. "지금은 너무 피곤해서 같이 못 놀아줘" "아빠 사업이 잘 안 풀려서 지금은 경제적으로 여유가 없구나"처럼 문제를 있는 그대로 알려주는 것이 좋습니다. 그런 제약 속에서 어떤 선택을 하면 좋을지 아이와 같이 이야기해보는 것도 좋은 방법입니다.

어른 되기를
회피하지 않도록 하려면

 ⟨ 엄마가 참으면 되니까 괜찮아.

 ⟨ 엄마는 참 행복해.

    엄마 인생을 희생하면서 아이가 원하는 것을 하게 해준다. 엄마가 하고 싶은 건 포기하고 아이만 우선시한다. 얼핏 들으면 미담처럼 들릴지도 모르겠습니다.

    전쟁 때 식량이 부족해서 엄마는 굶으면서도 자식에게만 밥을 먹였다는 이야기는 참 감동적입니다. 아이들은 그런 엄마에게 감사하면서 자랐을 것입니다.

하지만 요즘 시대에 "엄마가 참으면 되니까 괜찮아"라는 말은 조금 다르게 들립니다. 엄마의 희생이 꼭 필요한 일인지 잠시 멈춰서 생각해보는 시간이 필요합니다.

"친구가 저녁에 잠깐 보자는데, 안 되겠지? 너희는 엄마가 없으면 잠을 못 자잖아. 엄마가 참으면 되니까 괜찮아."

"대학원에 가고 싶지만 포기해야겠어. 학비도 많이 들고, 너희들 학원 픽업도 해야 하고. 엄마가 참으면 되니까 괜찮아."

실제로 아이를 위해 자기 삶을 희생하는 엄마들이 많습니다. 자기 일은 나중으로 미루고 아이의 행복을 위해서라면 뭐든지 합니다. 그런데 "엄마가 참으면 되니까 괜찮아"라는 말이 아이에게 전달하는 메시지는 '어른이 되면(부모가 되면) 힘든 일이 많다. 항상 참아야 한다'입니다.

"아무 제약 없이 즐겁게 지낼 수 있는 건 어릴 때뿐이야"라는 말을 듣고 자란 아이는 어른이 되고 싶을까요? '엄마는 희생하는 사람'이라는 메시지를 전달받은 아이가 엄마처럼 살고 싶을까요?

부모가 행복해하는 모습을 아이에게 많이 보여주어야 합니다. "엄마는 참 행복해" "아빠는 정말 행운아야" "이런 일을 하게 돼서 정말 기쁘구나"라고 말해주는 것도 좋습니다. 주변 어른들이 즐거워하는 모습을 보고 자란 아이는 미래를 긍정적으로 상상합니다. '어른이 되면 이러이러한 걸 하고 싶어'라며 꿈을 꾸게 됩니다.

어른들은 아이들에게 삶의 고된 면만 너무 많이 보여주는 경향이 있습니다. 살다 보면 매운맛을 경험하는 순간도 있지만 인생은 즐기기 나름입니다. 아이에게 즐거워하는 모습, 행복해하는 모습을 더 많이 보여준다면 아이의 미래에 긍정적인 메시지가 더 많이 전달될 것입니다.

아이와 원만한 관계를
유지하게 하는 말

 〈 오늘 학교는 어땠어?

 〈 오늘 피구 재미있었어?

부모는 아이가 학교에서 돌아오면 그날 하루 어땠는지 물어봅니다. 그럴 때 아이와 의사소통이 원활하게 이루어지지 않으면 걱정이 되는 게 부모 마음입니다. 아이가 저학년일 때는 재잘재잘 온갖 이야기를 다 하지만 학년이 올라가면 "그냥 그랬어"라거나 심지어 아무 반응이 없을 때도 있습니다.

그럴 때는 질문하는 방법을 바꿔야 합니다. 질문에는 열린 질문과 닫힌 질문이 있습니다. 닫힌 질문이란 예나 아니오, A 아니면 B라는 식으로 둘 중 하나의 답을 골라야 하는 제한적인 질문입니다. "학교 재미있었어?"라는 질문에 아이는 "응, 재미있었어" 혹은 "아니, 재미없었어"라고 대답할 수밖에 없습니다.

반대로 열린 질문은 상대방이 자유롭게 대답할 수 있는 질문입니다. "학교 어땠어?"라고 질문하면 아이에게서 다양한 대답을 들을 수 있을 겁니다.

그렇다고 열린 질문이 능사라는 말은 아닙니다. 아이가 아직 어리면 논리적인 답변을 찾지 못하고 우물쭈물할 수도 있습니다. 혹시 아이가 제대로 대답하지 못하면 "오늘 학교 재미있었어?" "점심시간에 친구랑 피구했어?" "오늘 결석한 사람은 없었어?" 등 닫힌 질문부터 시작하는 게 좋습니다.

학년이 올라갈수록 말수가 줄어드는 아이들이 많습니다.

저학년일 때는 "점심시간에 철봉에서 놀았는데 엄청 재미있었어. ○○은 매달리기를 진짜 잘해"라든가 "오늘은 급식 먹을 때 한 그릇 더 먹는 애들이 많았어. 나도 좋아하는 반찬을 더 먹으려고 빨리 가서 집어 왔어"처럼 좋았던 일에 대해 시시콜콜 떠들어댑니다.

하지만 고학년이 되면 대답의 범위가 제한됩니다.

"학교 어땠어?"

"몰라, 수업 내용이 어려웠어."

이런 식으로 수업과 성적에 관한 얘기만 하기 십상입니다.

그건 아이가 고학년이 될수록 부모가 시험 점수에만 관심을 보이기 때문입니다. 그런 반응을 보면서 아이는 '엄마 아빠가 궁금한 건 철봉이나 급식 이야기가 아니라 시험 점수잖아'라고 받아들이게 됩니다. 그래서 "그냥 그래"나 "글쎄"라며 쌀쌀맞게 반응하게 됩니다. 더 심해지면 "몰라"라는 영혼 없는 대답밖에 돌아오지 않을 겁니다. 여기까지 가면 소통 자체에 문제가 있다고 봐야 할 것입니다.

수업이나 성적과 관련된 것뿐 아니라 방과 후에 친구와 놀았던 이야기나 동아리 이야기도 듣고 싶다면 "수업 끝나고 학교에서 놀다 왔어?" "오늘은 동아리 모임에 선배들도 왔어?"라며 닫힌 질문을 섞어서 물어보는 것이 좋습니다. 그렇게 하면 아이가 '엄마 아빠가 나한테 관심이 있구나'라고 느끼게 되고, 결과적으로 부모와 아이 양쪽 다 시야를 넓힐 수 있습니다.

반대로 "학교 어땠어?"라는 질문에 아이가 수업과 선생님 얘기부터 시작해서 쉬는 시간, 급식, 친구 이야기까지 모조리 털어놓는다면, 아이는 자신의 부모가 무슨 이야기든 들어줄 준비가 되어 있는 사람이라고 믿고 안심하고 있다고 볼 수 있습니다. 학교 폭력을 비롯해 문제가 발생했을 때도 마음 놓고 상의할 수 있을 것입니다.

'몰라'만 연발하는 사춘기, 부모와 아이의 신뢰 관계를 회복하자

어릴 때는 엄마를 붙잡고 매일 쫑알거리던 아이가 커가면서 이제는 묻는 말에 대답도 잘 안 해주고 '몰라'라는 한마디로 대화를 끝내기 일쑤입니다. 아이들만의 세계가 확장되면서 부모의 존재는 서서히 작아집니다. 아이가 제대로 말해주지 않으면 부모는 아이의 생각을 읽을 수 없어 불안해합니다. 하지만 이것은 누구나 거치는 과정일 수 있으니 너무 큰 걱정은 하지 않아도 됩니다.

그런데 "학교 어땠어?" "아, 몰라" "요즘은 뭐가 유행이니?" "글쎄" "넌 이런 거 좋아하잖아" "별로"라는 식의 대화가 이어진다면 부모와 자녀 사이의 신뢰에 금이 가 있는 위기 상태로 볼 수 있습니다.

아이와의 관계를 되돌리고 싶은 마음에 역정을 내면서 "적당히 좀 해! 넌 뭐가 그렇게 마음에 안 드니!"라고 언성을 높이면 오히려 부작용을 불러올 뿐입니다. 사춘기의 특성을 있는 그대로 받아들이고 아이를 몰아세우지 않는 것이 중요합니다.

저는 사춘기 아이들 때문에 고민이 많은 엄마들을 보면 "지금 아이가 생리 중이라고 생각하세요"라고 말해줍니다. 사춘기 때는 호르몬 균형이 깨집니다. 사소한 일에 짜증을 내고 불안해하는 것도 호르몬 균형이 깨졌기 때문입니다. 그러니 "대체 뭐가 그렇게 불만인 건데!"라는 소리가 튀어나올 것 같으면 '참, 우리 딸은 지금 생리 중이지' '우리 아들은 생리 중이지'라고 생각해보세요. 그러면 '어쩔 수 없네' 하는 마음이 들면서 조바심도 사라집니다. 전쟁을 치르지 않고 평화를 유지하는 비결입니다.

그런 시기도 언젠가 끝이 나기 때문에 너무 걱정할 것 없습니다. 너그러운 마음으로 아이들을 이해해주세요.

또 한 가지 방법으로 그림책 읽기를 추천하고 싶습니다. 이건 사춘기 때만 해당하는 게 아니므로 아이와 좀 삐걱거린다는 생각이 들 때 해보면 좋습니다. 아이가 처음에는 "지금 뭐 하자는 거야"라며 입술을 삐죽거릴 수도 있지만 그래도 못 들은 척하고 그림책을 꺼내 아이 앞에서 소리 내어 읽어주세요. 아이가 듣는 시늉을 보이지 않아도 괜찮습니다. 처음에는 멀찍이 떨어져 있다가도 그런 일이 반복되면 조금씩 가까이 와서 듣게 되고, 어느 날 문득 아이가 고민거리나 진로 문제를 상의하는 날이 올 수도 있습니다.

그림책에는 사람의 마음을 부드럽게 만드는 효과가 있습니다. 엄마가 그림책을 읽어주던 어린 시절의 행복한 기억이 되살아나면서 아이의 닫혀 있던 마음의 문이 서서히 열리기 시작합니다. 그림책을 읽어주는 엄마 아빠의 목소리는 "지금은 바빠" "너 자꾸 그럴래!"라고 할 때와 다르게 들립니다. 따뜻한 이야기를 읽어주는 부모의 부드러운 목소리를 들으며 아이는 '아, 우리 엄마 아빠는 원래 이런 사람이었지'라고 떠올리게 됩니다. 그림책이 '사이가 좋았던 시절을 떠올리게 하는' 방아쇠 역할을 해줄 것입니다.

부부 사이가 다소 서먹해졌을 때는 연애 시절 데이트하던 곳에 가본다거나 두 사람의 추억이 담긴 노래를 같이 듣는 것도 좋습니다. 이것도 똑같은 원리입니다.

어릴 때 아이가 좋아하던 공원에 가서 그네를 타는 것도 추천하고 싶지만, 진입 장벽이 너무 높으면 시도하기 어려운 법입니다. 그림책 정도가 딱 좋습니다.

어릴 때 아이에게 그림책을 읽어주는 시간은 부모와 아이 모두에게 행복한 기억으로 남기에 가능하면 그런 시간을 많이 갖는 것이 좋습니다.

3장

자신감을 잃게 만드는 주문
"우리 아이는 어차피…"

글로벌 사회에 맞게
자기 PR을 잘하는 아이로 키우자

❌ ⟨ 우리 아이는 어차피….

⭕ ⟨ 우리 아이는 ○○을 정말 잘해요.

"어머, ○○은 못 하는 운동이 없네요. 정말 대단해요. 우리 아이는 운동이라면 젬병인데."

"아니에요. 우리 아들은 체력만 좋지 아무것도 못 해요. △△는 머리가 좋잖아요."

놀이터에서 들을 수 있는 엄마들의 흔한 대화 내용입니다.

그런데 외국에서 이렇게 했다가는 학대라는 말을 듣습니다. 사람들 앞에서 공개적으로 '우리 아이는 부족한 아이'라고 떠벌리는 것이므로 엄연한 명예훼손에 해당합니다. 남들 앞에서 아이 뺨을 때리는 것도 마찬가지입니다.

여러분의 배우자가 남들 앞에서 "제 아내(남편)는 이런 것도 못 해요"라고 말한다면 당연히 기분이 상할 것입니다. 집에 돌아가면 한바탕 전쟁이 벌어질지도 모릅니다. 그런데 왜 아이들한테는 그렇게 해도 괜찮다고 생각하는 것일까요?

다른 사람들 앞에서 자신을 나쁘게 이야기하는 부모의 말을 들은 아이의 기분을 한번 생각해보세요. 아이 입장에서는 세상이 무너질 만큼의 충격일 겁니다. '엄마는 나를 무시하는구나' '나보다 옆집 아이를 더 좋아하는구나'라며 풀이 죽은 아이의 모습이 훤히 보입니다. '겸손의 미덕'을 암묵적인 규칙으로 여기고 그렇게 말한다는 것을 어른은 이해하지만 아이는 모릅니다. 자기 아이를 깎아내리면서 상대를 치켜세우는 게 과연 바람직한 행동일까요? 깎아내리는 대상이 자신의 소유물이라면 그나마 이해할 수 있습니다. 하지만 아이는 부모의 소유물이 아닙니다. 자신과는 다른 인격을 지닌 별개의 인격체입니다.

외국인들은 사람들 앞에서 자기 아이 칭찬을 자주 합니다. 노골적으로 "우리 애는 이렇게 대단해요"라고 말하지는 않지만 상대방에게서 "아이가 참 착하네요"와 같은 말을 들으면 "맞아요. 동생도 얼마나 잘 돌보는데요. 지난번에는 동생이 아이스크림을 떨어뜨리고 울상을 짓고 있으니까 자기 아이스크림을 동생한테 주더라고요. 참 착하죠?"라고 자연스럽게 칭찬을 이어갑니다. 나중에 칭찬받았던 사실을 아이에게 전해주며 "네가 참 자랑스러워!"라고 말하는 것도 잊지 않습니다.

이렇게 어른들에게 칭찬을 많이 받아본 아이는 자신감이 넘칠 뿐 아니라 타인의 장점도 솔직하게 칭찬할 줄 아는 사람으로 성장합니다.

다른 사람이 내 아이를 칭찬해주면 순순히 받아들이고 아이에게도 칭찬받았던 사실을 전해주는 건 자연스러운 행동입니다. "아니에요. 집에서는 어찌나 장난꾸러기인지…"라며 억지로 아이의 단점을 만들어내는 게 오히려 더 이상합니다.

글로벌 사회에 활약하려면 자기 PR 능력이 필요하다

글로벌 사회에 "우리 애는 어차피…"라는 겸손은 마이너스가 될 수밖에 없습니다. 아이의 자존감을 떨어뜨릴 뿐만 아니라 자신을 어필하는 능력을 키우는 데도 방해가 됩니다.

비즈니스에서도 인간관계에서도 자신을 어필하는 능력이

중요해지고 있습니다. 이런 경향은 대학 입시에도 반영되어 논술의 비중이 높아지고 있습니다. 논술은 작문과는 엄연히 다릅니다. 작문은 자기 생각과 경험을 적으면 그만이지만, 논술은 '자기 생각이 왜 뛰어난지' 주장할 수 있어야 합니다. 가상의 적을 앞에 두고 '너는 그렇게 생각할지 모르지만 내 생각은 이렇다. 이러이러한 면에서 내 생각이 더 낫다'라며 설득하는 것이 논술입니다.

이처럼 자기 의견과 아이디어를 확실히 전달해야 하는 순간에 겸손은 불필요합니다. "제가 부족했습니다, 당신 의견이 훨씬 좋습니다"라고 허리를 굽히는 사람을 글로벌 사회에서는 아무도 상대해주지 않습니다. 프레젠테이션으로 사업을 따내야 하는 상황에서 "저희 회사가 준비한 기획은 아직 많이 부족하지만…"이라고 했다가는 신뢰도가 확 떨어지고 말 것입니다.

아시아인은 자기 PR 능력이 부족하다는 말을 자주 듣습니다. 회의 시간에도 자기 의견을 좀처럼 표현하지 않습니다. 저는 기업의 사원 연수 프로그램에서 강의할 때는 시작하기에 앞서 항상 자기소개를 먼저 부탁합니다. 그러면 거의 정해진 패턴이 있습니다. 대부분이 "지금 너무 긴장돼서…"라는 말로 자기소개를 시작합니다. 분명히 말하건대, 그런 말은 사족입니다. 미국에서는 회의나 프레젠테이션 때 "설명을 잘할 수 있을지 걱정입니다"라는 말을 꺼내는 즉시 "그럼, 다음 사람" 하며 넘어가버릴 겁니다. 최선을 다하는 사람, 철저하게 준비한 사람에게 기회를 주는 게 당연하기 때문입니다.

노래방에 가서도 "제가 음치라서" "이 노래는 처음 불러보는데"라며 한마디 보태는 사람들이 있습니다. 겸손을 가장해 사람들의 기대감을 떨어뜨리기 위해 그렇게 말하는지 모르지만, 듣는 사람에게는 전혀 도움이 안 되는 정보입니다. 그런 변명은 내려놓고 신나게 노래하고 다 같이 즐기는 것이 훨씬 나은 방법일 겁니다.

말은 이렇게 해도 그런 기분을 이해하지 못하는 건 아닙니다. '겸손의 미덕'도 좋아합니다. 하지만 지금처럼 자기 PR 능력을 갖추지 못하면 글로벌 사회에서는 절대로 활약할 수 없다는 사실을 기억해야 합니다. 이제는 우리 아이들이 자신의 재능을 마음껏 표현하고 표출할 수 있는 문화를 정착시켜야 할 것입니다.

무능력한 아이를
만드는 말

 너는 항상 ~하는구나

 이번에는 ~했구나

 남들 앞에서 "이 아이는 뭘 하든 느려요" "우리 아이는 밖에만 나오면 꿀 먹은 벙어리가 된다니까요"라며 아이를 깎아내리는 표현은 지양해야 한다고 앞서 이야기했습니다. 마찬가지로 "넌 항상 말뿐이더라" "지각하는 게 아주 습관이야" 같은 말도 해서는 안 됩니다.

"이 아이는 뭘 하든 느려요"라는 말은 그 아이에게 '항상 느린 아이'라는 꼬리표를 달아줍니다. 그러면 아이는 자신에게 붙은 꼬리표대로 살아가게 됩니다. 마치 주문에 걸린 것처럼 말입니다.

1960년대 미국의 사회학자 하워드 베커는 주변 사람들의 낙인이 일탈자를 만들어낸다는 '낙인 이론'을 제창했습니다. 그때까지는 범죄 등의 일탈은 행위자의 내적 특성이며, 원래 '그런' 사람이기 때문에 범죄자가 된다고 생각했습니다.

그런데 베커 교수는 주위에서 '일탈자'라는 낙인을 찍음으로 '일탈자'가 탄생한다고 설명했습니다. 많은 범죄자들과의 인터뷰, 일상 대화를 통해 그 사실을 깨달은 베커 교수는 "사회가 일탈자를 만들어낸다"라고 주장했습니다. 이는 소득 수준, 인종 등 개인적인 속성이 일탈을 낳는다고 믿었던 기존의 사회학을 비판한 것으로 당시로서는 획기적인 주장이었습니다.

낙인 이론에 따르면 "이 아이는 뭘 하든 느려요"라고 낙인을 찍음으로써 '항상 느린 아이'가 탄생합니다. "우리 아이는 밖에만 나오면 꿀 먹은 벙어리가 된다니까요"라는 꼬리표를 붙임으로써 '사람들 앞에만 서면 말을 못 하는 아이'가 탄생합니다. 그렇게 자신에게 주어진 캐릭터에 맞춰 인생을 살게 되는 것입니다.

사회심리학에서는 부정적인 낙인을 '스티그마'라고 합니

다. 고대 그리스에서는 노예나 범법자의 신분을 한눈에 알아보기 위해 신체에 스티그마, 즉 낙인을 찍었습니다. 또한 낙인이 찍힌 사람은 '모자라는 사람'이라는 인식을 정당화했습니다. 사소한 실수 몇 번 했다고 '말뿐인 사람'이라는 낙인이 찍혀버린다면 이 세상은 정말 삭막해질 것입니다.

참고로 '낙인'을 영어로는 '브랜드'라고 합니다. 명품 브랜드는 누가 보더라도 명품임을 알아볼 수 있습니다. '이러이러한 세계관이 담긴 고급 제품'이라는 인식이 널리 알려져 있기 때문입니다.

그렇다면 이들 명품 브랜드처럼 아이에게도 긍정적인 꼬리표를 붙여보는 건 어떨까요?

미국의 임상심리학자 리처드 밀러는 공립초등학교 5학년 아이들을 대상으로 어떤 실험을 진행했습니다. 먼저 한 학급에서는 청소의 중요성을 말로 설명했습니다. 다른 학급에서는 "이 반 아이들은 참 깨끗하구나" "쓰레기를 꼭 쓰레기통에 버리는구나"라며 아이들을 칭찬했습니다. 그 결과 청소의 중요성을 말로 배운 아이들은 별로 달라지지 않았지만, 칭찬을 들은 반 아이들은 쓰레기를 쓰레기통에 버리는 일이 다른 반에 비해 네 배가량 늘었다고 합니다.

"참 깨끗하구나"라는 칭찬을 듣고 기대에 부응하기 위해 노력한 결과입니다. 이는 충분히 납득할 만한 결과입니다.

그렇지만 아무리 긍정적인 의미라도 무조건 꼬리표를 붙이는 것은 좋지 않습니다. 그것이 그 아이에게 좋은지 나쁜지 아무도 판단할 수 없기 때문입니다. "넌 구기 종목에 소질이 있어"라는 말을 믿고 열심히 노력했는데, 실제로는 육상에 더 재능이 있었을지도 모릅니다.

"넌 참을성이 대단하구나" "항상 밝구나"라는 긍정적인 꼬리표에 부응하기 위해 애쓰느라 아이가 불행해질 수도 있습니다. 그러므로 긍정적인 내용이든 부정적인 내용이든 상관없이 "넌 항상 ~하더라"라고 단정 짓지 말고 "이번에는 ~했구나"라고 말해주세요. 과거와 현재를 구분해서 말하는 것이 중요합니다.

아이에게 "항상 긴장하는구나" 대신 "이번에는 긴장했구나"라고 말해주고, "다음에는 어떻게 하면 긴장하지 않을까?" 하며 같이 해결책을 찾아보는 게 좋습니다. 그렇게 하면 아이가 꼬리표 때문에 고통받는 일은 없을 것입니다. 아이가 행복한 인생을 향해 한 걸음 더 다가갈 수 있도록 도와주세요.

자신감을
빼앗는 말

 네가 형이니까 참아야지.

 가족 내의 역할보다 개성을 중요시한다.

우리는 가족을 부를 때도 역할로 부를 때가 많습니다. 아이 이름 대신 '형'이나 '언니'라고 부르고, 부부끼리 서로를 '아빠'와 '엄마'라고 칭할 때도 있습니다. "형한테 가봐" "언니랑 같이 기다려"처럼 말입니다.

어쩌면 은연중에 가정에서도 다른 조직처럼 각자에게 부

여된 역할을 완수하라고 강요하는 것일지도 모릅니다. 이를테면 남편이 아내에게 "○○엄마, 잠깐만 좀 와줘"라고 말할 때는 엄마의 역할을 해달라는 뜻이 내포되어 있는 것인지도 모릅니다.

집에서 가족들에게도 항상 '엄마'라고 불리고, 밖에 나가서도 '○○엄마'라는 소리를 들으면서 '엄마의 역할을 해주세요'라는 메시지를 계속 전달받으면 기분이 어떨까요? '도대체 나는 누구인가' 하며 자신의 정체성을 의심하게 되지 않을까요?

아이를 '형'이나 '언니'라고 부르는 것도 똑같습니다. 아이의 개성은 무시하고 형답게, 언니답게 행동하라는 기대가 포함된 표현이기 때문입니다.

"네가 형이니까 참아야지"라는 말은 아이의 '개성을 무시하고 역할을 강요하는' 전형적인 예입니다. 형이라고 해서 다 똑같지 않습니다. 형제 관계도 각양각색입니다. 사이좋은 형제도 있지만 하나부터 열까지 도무지 맞는 구석이 없는 형제도 있습니다. 또 동생과는 마음이 안 맞아도 다른 아이들과는 잘 지내는 형도 있습니다. 그런 개성을 무시하고 "네가 형이니까 동생을 잘 돌봐야지"라고 말하는 부모 밑에서 자란 아이는 '나는 동생을 잘 돌보지 못하니까 가치가 없어'라며 자존감이 낮아지기 쉽습니다. '네가 형이니까'라는 십자가 때문에 자신감을 잃고 아이가 원래 갖고 있던 장점을 발휘하지 못할 수도 있습니다.

저는 '가족 내의 역할' 때문에 힘들어하는 사람을 많이 봤습니다.

'가족에게 잘하고 리더십 있는 형'이 이상적일지는 몰라도 꼭 그렇게 될 필요는 없습니다. 사람에게는 각자의 개성이 존재합니다.

아이와의 관계를
개선하는 말

 모순된 메시지를 전달한다.

 이중 구속과 '인생 각본'을 알아야 한다.

부모들은 아이에게 "네가 원하는 걸 하면 돼" "네가 하고 싶은 일을 찾는 게 중요해"라는 말을 많이 합니다. 그런데 막상 아이가 "개그맨이 되고 싶어"라고 하면 인상을 쓰며 "그건 정말 네가 원하는 게 아닐 거야. 다시 생각해봐"라고 부정하게 됩니다. 완전한 모순이죠.

실제로 이런 일은 일상에서 빈번하게 일어납니다. 모순된 메시지를 전달받은 사람이 혼란에 빠져 아무것도 하지 못하는 상태를 '이중 구속'이라고 합니다. 이중 구속 이론은 영국 태생의 미국 문화인류학자 그레고리 베이트슨이 정립한 것입니다.

"네가 하고 싶은 대로 해."

"엄마 아빠가 납득할 수 없는 건 하지 마."

이렇게 모순된 명령을 받은 아이가 혼란에 빠져 어쩔 줄 몰라 하는 것은 당연합니다.

"도대체 어쩌라는 거야!"라고 지적이라도 할 수 있으면 좋겠지만 그게 아이들에게는 쉬운 일이 아닙니다.

"네가 하고 싶은 대로 해"라고 해서 그렇게 하려고 하자 부모가 화를 냅니다. 표정으로 '엄마 아빠가 납득할 수 없는 건 하지 마'라는 모순된 메시지를 전달하는 것입니다. 그렇지만 말로 분명하게 전달한 것이 아니어서 부모도 아이도 모순을 곧바로 알아차리지 못합니다.

그럴 때 아이는 어느 쪽 명령을 따르더라도 부모를 만족시킬 수 없으므로 혼란스러워하는 것은 물론, 아무것도 할 수 없게 됩니다. 이런 이중 구속이 되풀이되면 아이는 스스로 판단하지 못하고 늘 부모의 눈치를 살피게 됩니다.

이중 구속의 예를 하나 더 들어보겠습니다. 심리상담사 나

카오 에이지 씨의 블로그에 올라와 있는 내용으로, 이것 역시 아주 흔한 사례 중 하나입니다.

> 여름방학이 시작되었다. 아이가 학교에서 여름방학 숙제가 적혀 있는 프린트물을 받아왔다. 엄마는 그 종이를 잃어버리지 않도록 냉장고에 붙여놓았다. 그런데 실수로 그 종이 위에 다른 종이를 붙여버리는 바람에 여름방학이 끝나기 직전까지 아이의 숙제를 완전히 잊어버리고 지냈다. 뒤늦게 다른 종이를 떼어내다가 숙제가 적힌 프린트물을 발견한 엄마는 깜짝 놀라서 아이에게 빨리 숙제하라고 다그쳤다.
> 아이는 숙제하기 싫다고 떼를 썼다. 비록 자신의 실수로 일어난 일이지만, 엄마는 숙제하기 싫어하는 아이에게 격분했다. 야단을 맞고 울면서 숙제하는 아이에게 "다 때려치워! 울면서 할 거면 하지 마!"라고 화풀이한 것으로도 모자라 아이가 숙제한 걸 확인도 하지 않았다.

이야기 속 아이가 이중 구속 상태에 놓여 있다는 것을 이해하셨습니까?

맨 먼저 엄마는 아이의 여름방학 숙제 내용이 적힌 프린트물을 자신이 받아 챙겼습니다. 아이가 스스로 관리하게 하면 되는데 굳이 자기가 확인하기 쉬운 장소에 붙임으로써 비언어적 메시지로 '숙제하지 마!'라는 명령을 내린 셈입니다. 거기다 프린트물 위에 다른 종이를 붙여서 숙제 내용을 볼 수 없는 상황까지 만들어버렸습니다. 물론 무의식적으로 벌인 일이지만, 덕분에 여름방학 내내 아이에게 '숙제해!'라는 잔소리를 안 하고 지낼 수 있었습니다. 알리바이가 성립된 것입니다.

그러다가 여름방학이 끝나기 직전에 사태를 파악한 엄마가 돌연 숙제하라고 다그치기 시작합니다. 여태 '하지 마!'라는 메시지를 들어왔던 아이는 당황해서 어쩔 줄을 모릅니다. 그래도 엄마가 하라고 하니까 싫은 티를 팍팍 내면서 숙제를 시작합니다. 그런데 이번에는 그게 더 엄마의 화를 돋우고 말았습니다.

사실 엄마는 이 순간을 기다렸습니다. 차곡차곡 쌓여 있던 분노를 폭발시킬 순간을 노리고 있었던 것입니다. '숙제하기 싫어하는 아이의 태도'에 정당성을 얻은 엄마의 분노가 폭발합니다. 그러면서 또다시 "다 때려치워! 울면서 할 거면 하지 마!"라는 금지령을 내리며 아이를 몰아붙입니다. 아이가 끝낸 숙제를 보지도 않고 방치함으로써 '숙제하지 마!'라는 메시지를 관철하게 됩니다. 이러한 예는 사실 부모와 아이가 협력해서 성립시키는 게임입니다. 엄마가 화를 폭발시킬 수 있도록 아이도 협력하고 있습니다.

아이는 엄마가 화를 삭이고 있다는 것을 눈치챘습니다. 바쁘고 피곤한 엄마에게는 때때로 화를 폭발시킬 기회가 필요하다는 것을 아이는 알고 있습니다. 아이는 어떤 식으로든 엄마와 연결되고 싶어 하기 때문에 스스로 엄마의 화풀이 대상이 되려고 합니다. 아이도 여름방학 숙제가 있다는 걸 알고 있었습니다. 하지만 '엄마가 말할 때까지 하면 안 된다'라는 메시지를 전달받고 그대로 따른 것입니다. 방학이 끝날 때쯤 무슨 일이 일어나리라는 것까지 미리 예상하고 엄마의 화가 폭발하기를 기다렸습니다. 이런 협력 과정을 통해 분노 폭발 게임이 성립하는 것입니다.

물론 엄마와 아이는 이런 상황을 자각하지 못합니다. 엄마는 두 사람이 게임을 성립시켰다는 것은 물론이고 자신이 이중 구속 장치를 설치했다는 사실도 전혀 의식하지 못합니다. 아이 역시 자신이 협력자라는 사실을 상상도 못 합니다. 자신이 이중 구속 상태에 놓여 있다는 것을 알아차리지 못한 건 오히려 다행이라고 볼 수 있습니다. 알아차렸다면 자책하고 괴로워했을 것이기 때문입니다.

저는 베이트슨이 쓴 『마음의 생태학』을 통해 이런 장치가 있다는 걸 알고 큰 충격을 받았습니다. 동시에 너무나 많은 사람이 이렇게 하고 있다는 사실도 깨달았습니다.

인정하고 싶지는 않지만, 어른들은 자신의 스트레스를 해소하기 위해 아이에게 화를 내고 야단칠 때도 있습니다. 급속도로 변하는 사회에 맞춰 살아가느라 우리는 모두 지쳐 있습니다. 분노를 쏟아내지 않고는 살 수 없는 환경 속에서 아이들이 어른들의 화풀이 대상이 되어주고 있는 것입니다.

이런 일은 가정에서 뿐만 아니라 직장생활에서도 일어납니다. 서로가 화풀이 대상이 되어주면서 각자의 '인생 각본'에 따라 살아갈 수 있도록 거들고 있는 것입니다.

부모에게 전달받은 메시지가 '인생 각본'을 만든다

'인생 각본'이란 교류 분석 이론의 창시자인 에릭 번이 제창한 심리 프로그램으로, 사람은 유년기에 '나는 이런 인생을 살 것이다'라는 각본을 쓰고 무의식적으로 그 각본에 따라 인생을 살아간다는 것을 말합니다.

다양한 상황과 관계에서 똑같은 패턴이 반복되고 있다면 자신도 모르는 사이에 그런 인생 각본을 써놓고 그 각본대로 살기 때문일 것입니다.

예를 들어 매번 마무리 단계에서 다치거나 병에 걸려 실패하는 사람은 '나는 열심히 노력해도 마지막 순간에 일이 꼬여버리는 사람이다'라는 인생 각본을 쓰고 있을지도 모릅니다.

인생 각본은 주로 유년기에 들은 부모와 주변의 평가와 금지령을 통해 만들어집니다.

부모가 성공에는 관심을 보이지 않고 실패에만 관심을 보이고 위로하거나 하면 아이에게 '성공하지 마'라는 금지령이 자리 잡기 쉽습니다. 거기다 "너는 항상 마무리 단계에서 실패하는구나"라는 말을 듣게 되면 자기도 모르게 그런 '인생 각본'을 쓰고 각본대로 살게 됩니다.

아이를 이중 구속 상태에 놓이게 해서 꼼짝 못 하는 상황을 만들지 않으려면 아는 것과 깨닫는 것이 필요합니다.

이중 구속과 인생 각본의 개념을 알기만 해도 이미 한 걸음 내디딘 것입니다. 모르면 깨달을 수도 없습니다. 개념을 알면 혹시 내가 지금 모순된 메시지를 보내고 있는 건 아닌지, 지금 우리가 분노 폭발 게임을 하고 있는 건 아닌지 계속해서 생각해보고 대처할 수 있습니다. 하루아침에 완벽해질 수는 없지만 조금씩 달라질 수 있을 것입니다.

"마음대로 해!"라고 말하고 싶은 순간이 기회다

"마음대로 해!" 역시 부모들이 곧잘 하는 말 중 하나입니다. 그런데 문제는 이 말을 하기까지 부모가 참고 또 참았다는 사실을 아이는 알지 못한다는 것입니다.

예를 들어 이런 상황을 한번 떠올려보시기 바랍니다.

(또 게임이야? 일일이 잔소리하기도 지친다. 곧 그만하겠지.)

(15분이나 지났는데 아직도 게임이야? 내가 눈치 주는 것도 알 텐데.)

"대체 언제까지 게임만 할 거니?"

"이번 판만 하고 그만할게요."

(뭐라고? 그만둘 마음이 아예 없잖아!)

이런 갈등 끝에 "마음대로 해!"라는 말이 튀어나오게 되는 겁니다.

부모는 참고 또 참다가 인내심의 한계를 느끼고 화를 냈지만, 아이는 그 과정을 전혀 모릅니다.

그렇기 때문에 "마음대로 해!"라며 부모의 분노가 폭발한 순간, 이중 구속이 발생하고 맙니다. 가령 "대체 언제까지 할 거니?"라는 말을 들은 아이는 '내가 결정하면 되는구나'라고 해석하고 조금만 더 하기로 결정합니다. 그런데 부모가 "적당히 좀 해!" "네 마음대로 해!"라며 혼을 내는 겁니다. 스스로 결정하면 된다는 메시지를 전달받고 그렇게 했더니 야단을 맞는 모순된 상황이 발생하면 아이는 어떻게 하면 좋을지 몰라 쩔쩔매게 됩니다.

어쩌면 부모는 분노를 폭발시키고 싶다는 욕구를 느꼈을

지도 모릅니다. 그래서 이중 구속 상황을 만들고 "마음대로 해!"라고 말함으로써 아이에게 협력을 구했을 수도 있습니다.

그런 의미에서 "마음대로 해!"라고 말하고 싶은 순간이 바로 기회입니다. 잠시 숨을 돌리고 왜 이런 상황이 벌어졌는지 차분히 생각을 정리해보는 겁니다. 이중 구속과 인생 각본을 알면 반복적인 분노 폭발 게임에서 벗어날 수 있습니다.

4장

의욕을 빼앗는 주문
'공부해!'와 '집중해!'

구체적으로 말해주지 않으면
아이는 행동하지 않는다

 〈 공부해!

 〈 이 문제 한번 풀어볼까?

　"공부해!"는 구체적으로 뭘 해야 하는지 모르는 사람들이 하는 말입니다.

　"일단 열심히 해봐"처럼 알맹이가 없는 말입니다. "열심히 살아야지"라고 말해봤자 듣는 사람은 뭘 어떻게 하라는 건지 알 수 없습니다.

장기 출장에서 돌아온 남편에게 아내가 육아가 힘들다고 하소연했습니다. 아무것도 모르는 남편이 그저 속 편하게 "아무튼 힘내"라고 말해본들 아내에게는 하나도 와닿지 않을 것입니다.

숙제가 뭔지도 모르고 어떻게 노력해야 하는지도 모르는 사람, 알려는 노력조차 하지 않는 사람이 '열심히 해'라고 하면 괜한 잔소리가 될 뿐입니다. 아무것도 모르고 막연히 '열심히 해'라고 하면 도리어 독이 될 수도 있습니다.

공부하다가 막히는 부분이 있어서 좀 더 노력해야겠다고 마음먹었을 때, 정말로 중요한 건 자신의 진짜 문제가 무엇인지 파악하는 것입니다.

학원 수강생 중에는 "저는 수학을 못해요"라고 말하는 아이들이 무척 많습니다. 부모들도 "이 아이는 수학에 영 소질이 없어요. 어떻게 하면 좋을까요?"라며 제게 상담을 신청합니다. 그러면 아이의 실력이 어느 정도인지 확인하기 위해 테스트를 합니다. 테스트 결과, 아이들의 90퍼센트가 '수학'이 아니라 '계산'을 못한다는 사실을 알 수 있었습니다. 그래서 저는 "넌 수학 이론이 아니라 계산 연습을 해야겠다. 2주 정도 덧셈, 뺄셈, 곱셈, 나눗셈, 분수 계산을 철저히 연습하면 수학도 잘할 수 있을 거야"라고 말해주었습니다. 그렇게 하면 실제로 수학 점수가 올라갑니다.

"저는 수학을 못해요"처럼 자신의 문제가 무엇인지 제대로 파악하지 못하는 경우가 많습니다. **진짜 문제가 무엇인지 모르면 열심히 노력할 수 없습니다.**

"책이라면 딱 질색이에요"도 마찬가지입니다. 책에는 여러 종류가 있습니다. 소설은 싫어하지만 실용서나 도감을 좋아하는 사람도 있습니다. 글자를 읽어 내려가는 게 힘들면 그림책을 읽어보거나 오디오북을 통해 책과 가까워지는 방법도 있습니다. 이처럼 조금만 깊이 들여다보면 자신이 취약한 부분을 정확하게 찾아낼 수 있습니다.

그러므로 무작정 "공부해!"라고 아이를 윽박지르지 말고 **"이 문제 한번 풀어볼까?" "그림책 읽어볼래?"라는 식으로 구체적으로 제안해주세요.**

숙제가 있으면 "오늘은 선생님이 어떤 숙제를 내주셨어?"라고 묻는 것부터 시작해야 합니다. 아이가 제대로 대답을 못하면 "오늘은 수업 시간에 뭘 배웠어?" "알림장 좀 보여줄래?"라고 물어보면서 처음 2~3분 동안은 숙제가 어떤 것인지 확인하는 시간이 필요합니다.

숙제나 공부뿐 아니라 모든 면에서 자신의 문제가 무엇인지 알아야 성장할 수 있습니다. 부모와 주변에서 해줄 수 있는 방법은 아이에게 계속 질문을 던지는 것입니다. 먼저 구체적인 문제점을 찾고 나서 아이에게 맞는 방법을 제안해주는 게 바른 순서입니다.

아이의 의욕을 살려주자

"숙제나 해라" "학교라도 다녀야지"와 같은 말은 위험합니다. 왜냐하면 '숙제나'라는 말에는 '숙제'는 가치가 없다는 뜻이 담겨 있기 때문입니다. "숙제 같은 거 해봤자 별로 의미는 없지만, 최소한 그 정도는 해야지"라고 말하는 것이나 다름없습니다.

"이건 재미도 없고 시간만 잡아먹는 게임인데 해볼래?"라고 하면 누가 그 게임을 하려고 할까요? 가치 없는 일을 하고 싶어 하는 사람은 없습니다.

게다가 이런 말투에는 말하는 사람 자신이 듣는 사람보다 우위라고 생각하는 관계성이 나타납니다. "학교라도 다녀야지"라는 말로 '난 학교는 진즉에 졸업했고 지금은 훨씬 더 중요한 일을 하고 있어. 그러니까 내가 너보다 위야'라는 뜻을 전하고 싶은 것인지도 모릅니다.

"한자 정도는 당연히 쓸 수 있어야 하니까 연습해"도 마찬가지입니다. '○○ 정도'라는 말을 하면 할수록 아이의 의욕이 떨어집니다.

그럴 거면 차라리 평범하게 "숙제해!" 하고 말하는 편이 더 낫습니다. 아이는 숙제에 가치를 느껴야 숙제할 마음이 생깁니다. "이렇게 어려운 숙제도 할 수 있다니 대단하구나!" "엄마는 어릴 때 숙제하는 걸 자꾸 잊어버렸는데 넌 꼬박꼬박 잘하네" 같은 말이 아이에게 의욕을 불어넣어 줄 수 있습니다.

더 잘할 수도 있었을 텐데.

 네 생각은 어때?

    학습만을 고려한다면 시험 점수가 낮을 때가 오히려 기회입니다. 복습을 통해 실력을 키울 수 있기 때문입니다. 그런 의미에서 100점짜리 시험지는 아무 도움이 되지 않습니다. 100점을 받으면 "야호!" 하고 그걸로 끝이니까요. 우연히 자기가 공부한 부분에서만 문제가 출제돼서 높은 점수를 받았을지도 모릅니다. 반대로 잘 모르는 부분에서 문제가 출제돼 0점을 받았다면 다시 그 부분을 열심히 공부하면 됩니다.

그러므로 점수만 보고 무작정 아이를 나무라지 말고 그 시험지를 통해 뭘 배울 수 있을지 같이 알아보는 자세가 중요합니다.

저는 학원 아이들이 시험지를 들고 찾아오면 먼저 "네 생각은 어때?"라고 물어봅니다. 똑같이 75점을 받고도 '오, 잘했네'라고 생각하는 사람이 있는가 하면, '더 열심히 해야겠구나'라며 아쉬워하는 사람도 있습니다. 사람마다 만족하는 기준이 다르기 때문입니다. 아이의 시험지를 본 부모의 반응은 중요하지 않습니다. 당사자의 생각을 확인하는 것이 중요합니다.

"엄청 기뻤어요. 이번 시험은 너무 어려워서 평균 점수가 30점이거든요. 70점 넘는 사람이 저밖에 없어서 선생님께 칭찬받았어요."

"우리 반에서는 제 점수가 제일 높았지만, 그래도 아쉬워요."

아이의 생각을 듣고 나면 "잘됐구나, 좋겠다" 혹은 "조금 아쉬웠구나" 하며 공감의 말을 건네줍니다. 극단적으로 말하면 공감대를 형성하는 것만으로도 충분합니다. 점수가 높든 낮든 상관없이 공감받은 아이는 더 열심히 해야겠다며 학습 의욕을 불태우게 되어 있습니다.

공감은 대단히 중요합니다.

공감하면서 아이들의 목소리에 귀를 기울이면 아이들은 뭐든지 다 이야기해줍니다. 아이가 어렸을 때는 그날 있었던 일을 하나도 빠뜨리지 않고 이야기해주었을 겁니다. "오늘 유치원 문 앞에 벌레가 슝 날아왔거든. 그래서 선생님이 놀라서 꺅 소리쳤는데. 난 하나도 안 무서웠어. 내가 이 벌레는 풍뎅이라고 가르쳐줬더니 선생님이…" 하면서 말입니다. 하지만 학년이 올라갈수록 아이는 부모 앞에서 입을 다물게 됩니다. 한편으로는 자연스러운 현상이지만, 부모에게 공감보다 지적을 더 많이 받은 경험 때문에 그렇게 됐을 가능성도 생각해봐야 합니다.

부모가 "네가 선생님께 가르쳐줬다고? 와, 대단하다"라는 공감 대신 "뭐야, 또 벌레 이야기야?" "선생님께 인사는 잘했지?" 등의 반응을 보이면 아이는 '내 이야기에 관심이 없구나' 라고 생각하게 됩니다. 괜히 지적당할 바에야 정보를 제공하지 않는 편이 낫다고 판단하고 입을 다물어버립니다.

어른도 다르지 않습니다. 공감받고 싶어서 이야기했는데 '넌 그게 문제야'라는 핀잔만 돌아온다면 두 번 다시 속마음을 털어놓지 않게 됩니다.

부모들은 '평균 점수'에 관심이 많습니다.

'우리 아이가 일등을 하면 좋겠다'라는 마음은 이해가 되지만, '적어도 평균 점수는 받아야지'라는 건 도대체 무슨 심리일까요? 학급 인원은 많아 봤자 40명입니다. 그중에서 평균 점수를 받는 건 통계적으로 아무 의미가 없습니다. 지금은 골고루 다 잘하는 사람보다 한 가지를 특출나게 잘하는 사람이 환영받는 시대입니다. 평균 점수에 집착하지 말고 공감을 통해 아이의 마음을 헤아려주어야 합니다.

우수한 아이의 엄마는 빈틈이 많다?!

1300명이 넘는 아이들을 개별지도하면서 처음부터 공부머리가 있고 뛰어난 아이들도 여럿 만났습니다. 그런 아이들은 제가 도와주지 않아도 자기가 뭘 해야 할지 알고 그대로 행동합니다. 반면, 지시할 때까지 아무것도 못 하는 아이, 지시해도 우물쭈물하는 아이도 있었습니다. 저는 왜 이런 차이가 나는지 궁금했습니다.

어느 날 우수한 아이들의 공통점을 살펴보다가 아주 단순한 사실 하나를 발견했습니다. **우수한 아이들의 엄마는 하나같이 '덜렁이'였습니다.**

우선 그 아이들을 만나 "어머니는 어떤 분이시니?"라고 물어봤습니다. 그랬더니 마치 짠 것처럼 "우리 엄마는 너무 덜

렁거려서 큰일이에요"라고 똑같이 대답했습니다. 이번에는 엄마들을 직접 만나서 물었습니다. "아이가 참 똑똑합니다. 이렇게 키울 수 있었던 비결은 무엇이었습니까?" "글쎄요, 저는 뭐 제대로 할 줄 아는 게 없는 사람이라서요. 애한테도 맨날 혼나고, 남편도 저만 보면 어이없어하고요."

처음에는 겸손인가 싶었는데 그게 아니었습니다.

"한 달에 접시를 열 장이나 깨고, 맨날 실수투성이에요."

중요한 서류를 제출해야 하는 걸 깜빡하는 바람에 아이에게 원망 섞인 소리를 들었다거나 약속일을 잘못 알고 외출한 적도 있다고 하는 등 연달아 실수담을 늘어놓았습니다. 제 경험상 우수한 아이의 엄마는 이런 분들이 많았습니다.

반대로 지시할 때까지 기다리기만 하고 성적도 나쁜 아이들의 엄마 중에는 '능력자'가 많았습니다.

아마 회사에서 일을 할 때도 철저하게 준비하고 완벽하게 지시를 내릴 것 같았습니다. 그런 엄마 밑에서 자란 아이는 지시를 기다리게 됩니다. 괜히 나섰다가 야단맞는 것보다 시키는 대로 하는 게 더 안전하다고 생각하기 때문입니다.

그렇지만 집 밖에는 일일이 지시해주는 사람이 없습니다. 결국 그런 아이에게는 '아무것도 못 하는 애'라는 낙인이 찍혀버리고, 어른이 된 후에도 자립하지 못하게 됩니다.

일을 잘하는 사람일수록 상황을 가만히 지켜보는 게 쉽지 않다는 건 알지만, 무슨 말을 하고 싶어도 꾹 참아보면 좋겠습니다. 정 참기 힘들면 '지금 나는 빈틈 많은 엄마 역할을 하는 중이다'라고 생각하는 것도 하나의 방법입니다.

'완벽한 부모가 돼야 한다'라는 욕심을 버리고 육아는 대충 하는 것이 좋습니다. 아이에게 "엄마, 또 실수했어? 어휴, 정말" 같은 핀잔을 듣는 정도로 말입니다. 대충 하면 된다는 생각만으로도 마음이 홀가분해질 것입니다.

지켜보고 있기 힘들면 아이의 눈높이를 체험해보자

아이가 어떤 일을 할 때, 그 일이 부모 자신이 잘하는 것일수록 가만히 보고 있기가 힘듭니다. 예를 들어 피아노를 잘 치는 엄마는 아이가 건반을 정확하게 누르지 못할 때마다 짜증이 납니다. 하지만 피아노를 칠 줄 모르는 엄마는 아이가 한 마디만 제대로 쳐도 같이 기뻐할 수 있습니다.

끈이 달린 신발을 신을 때도 마찬가지입니다. 어른은 쉽게 신을 수 있기 때문에 신발을 들고 쩔쩔매는 아이를 너그럽게 지켜보지 못합니다.

"빨리 안 신고 뭐 해! 맨 먼저 끈을 느슨하게 풀라고 했지? 발을 집어넣고, 다시 끈을 잡아당겨서 이렇게 묶으면 되잖아!"

신발을 신는 과정은 어른에게는 쉬워도 어린아이에게는 만만치 않은 작업입니다. 하지만 과정을 직접 보여주면 아이가 이해하기 쉽습니다. 말로 설명할 때는 차근차근 가르쳐줘야 합니다. "자, 신발을 봐야지. 발끝을 먼저 넣어. 그다음에는 발뒤꿈치 부분에 손가락을 넣고 뒤로 살짝 당기면서 뒤꿈치를 넣으면 돼."

이렇게 순서대로 알려주지 않으면 아이는 신발을 보지도 않고 발을 집어넣으려다 비틀거리게 되고, 가지런히 놓여 있던 신발은 저만치 날아가버립니다. 상황이 그렇게 되면 엄마는 "어휴, 내가 못 살아. 얼른 신발 이리 줘봐!"라며 아이를 안고 억지로 신발을 신긴 다음 아이를 번쩍 안아 들고 어린이집을 향해 헐레벌떡 달려갈 겁니다.

이제 아이의 입장에서 한번 생각해볼까요?

신발을 신으려고 하는데 자기보다 두 배는 더 큰 거인이 옆에 서 있습니다. 아직 신발 신는 방법도 잘 모르는데 거인이 대충 지시를 내립니다. 갈팡질팡하자 거인이 화를 내기 시작합니다. 그러더니 "얼른 신발 이리 줘봐!"라며 갑자기 자기 몸을 안아 올립니다. 거인이 억지로 신발을 신기더니 자신을 높이 들고 어린이집까지 달려갑니다.

공포영화가 따로 없을 겁니다. "꺅~ 내려줘! 내려줘!"라고 소리치고 싶지 않을까요? 이런 일이 반복되면 두려움을 느끼지 않기 위해 마음을 비울 수밖에 없을 것입니다. 그런데 문제는 어른들이 이런 일을 일상적으로 되풀이하고 있다는 사실입니다.

사람은 어른이 되면 어린 시절의 눈높이를 기억에서 지워 버립니다. 그때를 떠올릴 수 있는 좋은 방법이 있습니다. 소형 카메라나 스마트폰을 아이의 목에 걸고 동영상을 촬영하는 것입니다.

아이와 손을 잡고 걸어도 좋고 술래잡기를 해도 좋습니다. 그런 다음 엄마가 아이를 안고 뛰어다니는 장면까지 찍고 나서 영상을 확인해보면 됩니다. **아이들이 엄마가 생각했던 것보다 훨씬 더 지면 가까이에서 살아가고 있음을 알게 될 것입니다.** 어른은 거인처럼 보입니다. 아이에게는 손이 닿지 않는 곳도 많고, 눈에 보이지 않는 것도 많습니다. 아이들이 왜 툭하면 넘어지는지도 알 수 있을 것입니다. 아이의 눈높이를 경험하고 나면 한결 너그러운 눈빛으로 아이를 지켜볼 수 있습니다.

가르치는 쪽은
끈기가 필요하다

 몇 번을 말해야 알아들을 거야!

 지금 내가 한 대로 한번 해봐.

저는 "몇 번을 말해야 알아들을 거야!"의 답을 이미 알고 있습니다.

답은 532번입니다.

부끄럽지만 저 역시 학원 아이들에게 이 말을 수도 없이 했습니다.

하루는 영어 시험지를 분석하다가 실수로 틀린 문제의 80퍼센트가 '1형식, 시제, 태, 3인칭 단수 현재' 중 하나라는 것을 알았습니다. 시험지를 내기 전에 이것만 확인해도 점수가 20퍼센트는 오를 것 같았습니다. 그래서 이 네 가지를 꼭 확인하라고 신신당부했는데도 아이들은 같은 실수를 반복했습니다.

"지난번에 선생님이 꼭 확인하라고 했잖아."

"깜빡했어요."

다음에는 괜찮겠지 했는데 아이들은 같은 데서 같은 실수를 반복했습니다. 계속 같은 일이 반복됐습니다.

'왜 이럴까? 몇 번 말하면 알아들을까?' 하는 마음에 약 200명의 중고생을 대상으로 실험해보았습니다. 아이들의 점수가 걸린 중요한 실험이었습니다.

그 결과, 평균 532번이라는 사실을 알 수 있었습니다. 532번 말해줘야 실수로 틀리는 일이 사라졌습니다.

부모들은 두세 번 말하면 아이가 이해할 거라고 생각하겠지만, 아닙니다. 아직 530번은 더 말해줘야 합니다. 두세 번의 말로 아이들의 행동을 바꿀 수는 없습니다.

행동을 바꾸고 습관으로 만들기까지는 포기하지 않는 끈기가 필요합니다.

이미지가 연상되지 않으면 행동할 수 없다

먼저 '말로는 잘 전달되지 않는다'라는 사실을 이해해야 합니다. 말하는 사람은 이렇게 여러 번 말했는데 어째서 이해를 못 할까 싶겠지만, 대부분은 전달하는 방식에 문제가 있습니다.

사람마다 머릿속에 떠올리는 단어의 이미지가 다르기 때문입니다. '바다'라는 말을 듣고 하얀 모래사장과 파란 바다를 떠올리는 사람도 있지만, 가파른 절벽과 거친 파도를 떠올리는 사람도 있습니다.

그러므로 자기 의사를 제대로 전달하려면 자세한 묘사를 통해 서로가 떠올리는 이미지를 통일시켜야 합니다.

직장에서 상사가 부하 직원에게 어떤 부탁을 한다고 가정해보겠습니다. 상사는 스테이플러로 철한 서류를 건네면서 "복사 좀 해줘"라고 말했습니다.

상사는 속으로 생각합니다. '사내 회의용 자료니까 흑백으로 복사하면 돼. 복사기의 자동 기능을 사용하면 더 빨리할 수 있어. 물론 그 전에 스테이플러 심을 빼서 복사기에 안 걸리게 해야겠지. 이런 건 상식이잖아.' 하지만 복사를 해본 적 없는 사람에게는 그런 상식이 있을 리 없습니다.

먼저 상사가 어떻게 하면 되는지 시범을 보여주고 나서

"지금 내가 한 대로 하면 돼"라고 말해준다면 실수가 줄어들 것입니다.

"몇 번을 말해야 알아들을 거야!"라고 호통 치기 전에 자신이 원하는 이미지가 정확하게 전달됐는지를 먼저 확인해야 합니다.

아이의 습관을
바꾸는 부모의 원칙

 〈 스마트폰 좀 그만 봐! 게임 좀 그만하라고 했지!

 〈 같이 규칙을 만든다.

    몇 시간씩 스마트폰을 붙들고 있는 아이를 보면 한숨과 함께 "그만 좀 해!" "그만하라고 했지!"라는 말이 절로 나옵니다. 실제로 스마트폰은 상담 문의의 단골 소재입니다.

    "스마트폰 좀 그만 봐!"라는 말의 문제는 죄형법정주의가 성립되지 않는다는 것입니다.

죄형법정주의란 어떤 행위가 범죄이며 그 범죄에 대해 어떤 처벌을 내릴 것인가를 법률로 미리 규정해야 한다는 원칙으로, 근대 형법의 기본 원리이기도 합니다. 이런 규칙이 없으면 권력자가 자기 마음대로 처벌할 우려가 생깁니다.

1970년에 일본의 테러리스트들이 항공기를 납치해 북한으로 망명한, 일명 '요도호 납치 사건'이 일어났습니다. 당시에는 항공기 납치 사건에 대해 죄를 물을 수가 없었습니다. 그 이유는 그런 법률이 존재하지 않았기 때문입니다. 이 사건을 계기로 항공기 납치 방지법이 만들어졌습니다. 아무리 큰 죄도 정해진 기준이 없으면 처벌할 수 없습니다.

"스마트폰 좀 그만 봐!"는 엄마 아빠가 규칙이 되어 그때그때의 상황과 감정에 따라 벌하는 방식입니다. 그때까지 쌓인 울분을 토해내듯 "도대체 언제까지 할 거야!"라고 고함을 내지를 때도 있습니다. 이런 식으로는 '권력자의 기분을 잘 살펴야 한다'라는 메시지밖에 전달되지 않습니다. 또한 큰소리로 야단치는 것은 형벌이자 정신적인 폭력입니다. 참고로 유럽에서는 학대에 해당하는 행위입니다.

스마트폰이나 게임기를 사줄 때는 아이와 같이 규칙을 만들어보는 것이 좋습니다.

야후 집행위원 겸 마케팅 최고 책임자와 링크드인 일본 대표를 역임했던 무라카미 신 씨가 중학교 1학년인 아들에게 건넨 '서약서 겸 스마트폰 대여 계약서'가 인터넷에서 화제가 된 적이 있습니다. '이용 시간은 오전 6시부터 오후 9시까지로 한다' '거실에서 사용하는 것이 원칙이다' 등의 기본 규칙이 계약서의 형태로 명시되어 있습니다. 거기다 '본 계약을 어길 시에는 일정 기간 사용을 금지할 수 있다'라는 벌칙도 나와 있습니다. (무라카미 씨가 만든 이 계약서는 주식회사 필라멘트 홈페이지에서 다운로드할 수 있으므로 관심 있는 분은 검색해보시기 바랍니다.)

계약서까지 만드는 건 너무 지나치다고 생각할지도 모르지만, 사회에 나가면 계약서를 쓸 일이 매우 많습니다. 스마트폰을 사용할 줄 아는 아이라면 어른이 된 기분으로 계약서에 서명해보는 것 자체를 좋아할 수도 있습니다.

계약서에 서명한 이상 "이 계약을 위반하면 사흘 동안 스마트폰 사용 금지다"라고 해도 받아들일 수 있을 것입니다.

규칙을 만들 때는 아이와 함께 만드는 것이 중요합니다.

'게임은 하루에 한 시간만'처럼 부모가 아이의 동의 없이 일방적으로 결정한 사항을 아이는 받아들이기 어렵습니다. 부모는 "내가 사줬으니까 넌 규칙에 따라야 해"라고 우위에 서서 명령을 내리고 싶겠지만, 아이가 게임하는 시간과 부모가 사줬다는 사실은 아무 상관이 없습니다.

만 3세까지는 어려울지 모르지만, 기본적인 의사소통이

가능한 아이라면 함께 규칙을 만들어보는 것이 좋습니다.

예를 들어 아이가 주스를 마시고 싶다고 하면 "주스는 하루에 몇 잔 마실까? 몇 잔까지가 좋을 거 같아?"부터 시작하면 됩니다. 이런 경험이 쌓이면 사회의 규칙에도 익숙해질 것입니다.

또한 규칙은 '지키는 것'이라기보다 '만드는 것'이라는 감각을 갖출 수 있어서 더 좋습니다.

학교 교칙에 관해서도 '이 규칙은 정말 필요할까? 무슨 의미가 있을까?' 생각해보고 바꿀 수 있다는 사실을 아는 것이 중요합니다. 세상에는 무의미하고 껍데기뿐인 규칙이 많이 남아 있습니다.

주체적으로 사회생활을 한다

규칙을 만들어본 경험은 정치에 대한 관심으로 이어집니다. 이 규칙은 이 부분에 문제가 있으니까 이렇게 바꾸면 좋겠다고 생각할 수 있는 능력이 생기기 때문입니다.

앞으로의 시대에는 '규칙이니까 지켜야 한다(반대로 규칙이니까 깨뜨려야 한다)'와 같이 정지된 사고가 아닌, 규칙을 바꾸고 새로 만들 줄 아는 능력이 필수입니다.

예를 들면 '진정'도 민주주의를 실천하는 방법의 하나입니다. 사회에서 발생한 문제에 분노를 느낄 때 '구의회의원에게 전화하는 것'도 자신의 의견을 전달하는 훌륭한 수단입니다. 제가 이렇게 말하면 농담으로 웃어넘기는 사람도 있지만, 저는 진심입니다. 거주 지역에서 선출된 구의회의원, 시의회의원, 국회의원 등의 사무실에 전화해서 불만을 토로해야 합니다. 같은 사안에 대해 여러 사람이 의견을 표출하면 정치인은 움직이게 되어 있습니다. 나아가서는 국가를 움직이게 할 수도 있습니다.

우리가 할 수 있는 정치 참여는 선거 때 던지는 '한 표'가 다가 아닙니다. 간접민주주의에서는 정치인에게 자신의 의견을 전달하는 것도 하나의 정치 참여 방법입니다. 우리가 잘 몰라서 그렇지 훌륭한 정치인은 국민이 낸 진정서를 보고 움직이면서 우리가 낸 세금 이상으로 일합니다.

자신이 속한 사회와 정치에 관심을 가지고 주체적으로 규칙에 관여하는 태도 역시 앞으로 꼭 필요합니다.

"숙제 다 하면 갖고 싶은 거 사줄게"는 괜찮다?

"숙제 다 하면 아이스크림 먹게 해줄게."

"시험 잘 보면 맛있는 거 사줄게."

아이가 열심히 공부하도록 자극하기 위해 보상을 주는 방법이 있습니다.

그렇다면 "문제집 한 쪽 풀 때마다 500원씩 줄게"라며 돈으로 보상하는 건 어떨까요?

흥미로운 실험을 하나 소개하겠습니다.

호주 뉴사우스웨일스대학교의 경제학부 교수 리처드 홀든이 아이들을 상대로 학습과 금전적 보상에 관해 알아본 실험입니다.

휴스턴에서 무작위로 50개 학교를 선발해서 5학년생 1734명에게 학교 커리큘럼에 맞는 수학 교육용 소프트웨어를 배부했습니다. 그중 25개 학교 아이들에게는 한 문제를 풀 때마다 2.8호주달러를 지급했습니다. 나머지 25개 학교의 아이들도 똑같은 소프트웨어를 받았지만 금전적인 보상은 없었습니다.

그랬더니 금전적 보상을 받은 그룹은 수학 성적이 오른 반면, 독해력 성적은 떨어졌습니다. 요컨대 돈을 받지 못하는 독서 대신 돈을 받을 수 있는 수학 공부를 열심히 했다는 해석이 나올 수 있습니다. 좀 더 자세히 분석해보니 상위 20퍼센트 아이들은 수학 성적이 올랐지만 독해력 성적도 떨어지지 않았습니다. 한편 하위 20퍼센트 아이들은 수학 성적도 오르지 않았고 독해력 성적도 떨어졌습니다. 이 실험을 통해 금전적인 자극이 모두에게 좋은 영향을 주지는 않지만, **전체적으로 볼 때는 효과가 있다**는 것을 알 수 있었습니다.

미국 워싱턴 D.C.에서는 성적, 출석률, 행동 등 다양한 기준으로 아이들을 평가하고 각각 금전적인 보상을 지급했습니다. 그러자 수학 성적이 17퍼센트 이상, 독해력도 15퍼센트 이상 향상되었습니다.

제가 개인적으로 흥미를 느낀 부분은 이 실험의 수익률입니다. 이 실험을 하는 동안 아이들에게 7000만 호주달러를 분배했습니다. 홀든 교수가 발표한 이 실험의 연간 수익률은 32퍼센트입니다.

예전에 우리 학원에서 아르바이트하던 의대생이 있었습니다. 그 학생은 "나중에 아이가 태어나면 100점을 받아 올 때마다 1000엔씩 줄 생각이에요. 그렇게 해서 아이가 의대에 들어가면 금방 회수할 수 있거든요. 투자 수익률이 꽤 높죠"라고 하더군요. 당시 저는 '그건 너무 심하지 않나?'라고 생각했는데, 홀든 교수의 실험 결과를 보고 나니 그 학생이 옳을지도 모르겠다는 생각이 들었습니다.

일본 은행의 정기예금 금리가 약 0.002퍼센트 정도인 걸 생각하면, 연간 32퍼센트는 어마어마한 숫자입니다. 투자 대비 효율이 굉장히 높다고 볼 수 있습니다.

물론 이런 방식에는 큰 문제점도 있습니다. 공부가 거래 수단으로 전락해버린다는 것입니다. 더 알고 싶고 더 공부해보고 싶다는 내적 동기는 잃어버리고 공부를 통해 벌어들일 수 있는 금액만 계산하면서 학습 의욕을 불태운다고 생각하니 왠지 씁쓸한 기분이 듭니다. 공부가 거래 수단이 되면 순수한 배움의 기쁨을 잊게 됩니다. 홀든 교수도 이 점을 염려했습니다.

"숙제 다 하면 아이스크림 먹게 해줄게"처럼 보상을 제시하는 방법에는 근본적으로 같은 문제점이 있습니다. 학습자가 스스로 어떤 과제를 성취하고자 하는 동기를 상실하고 거래에만 관심을 가지게 된다는 점입니다.

경제 합리성 측면에서는 좋을지도 모릅니다. 그러나 '사람은 경제 합리성만을 위해 공부하지 않는다'라는 사실을 우리는 알고 있습니다. 보상을 주는 방법에만 의존하지 말고 아이가 배우는 기쁨과 즐거움을 느낄 수 있도록 동기를 제공해줄 수 있어야 합니다.

저는 여섯 살짜리 딸아이에게 매일 '100칸 계산법'* 문제를 한 줄씩 풀게 합니다. 100칸을 전부 채우려면 힘들기 때문

※ 덧셈, 뺄셈, 곱셈 실력을 키워주는 계산법으로 가로줄과 세로줄 각 10개의 숫자가 만나는 곳에 정답을 써넣는 방식이다.

에 10개씩만 합니다. 저는 타이머를 설정해놓고, 열 손가락을 써서 열심히 계산하는 아이를 옆에서 지켜보면서 "파이팅!" "우와!" "빠르다!" 하고 응원해줍니다. 타이머를 끄고 점수를 매기고 나면 웃으며 하이파이브를 합니다. '학습'을 우리만의 의사소통 수단으로 사용하는 방법입니다. 하루 1분이면 충분합니다.

하기 싫어? 할 수 있잖아!

 아주 잘하네.

    의욕이 없어 보이는 아이에게 "하기 싫어?"라고 묻는 건 하나 마나 한 소리입니다. 할 마음이 전혀 없는 아이에게 '나는 의욕이 없구나'라는 사실을 깨닫게 해줄 뿐입니다.

    실제로는 의욕이 있는데도 의욕이 없는 것처럼 보이는 아이들도 있습니다. 골똘히 생각 중인데 그저 멍하니 있는 것처럼 보이는 아이들도 있습니다. 그런 아이에게 "하기 싫어?"라고 하면 '열심히 하고 있는데 왜 이런 말을 들어야 하지?'라며 슬퍼할 수도 있습니다. 말 한마디로 의욕의 싹을 싹둑 잘라버리게 될지도 모릅니다.

그럴 때는 오히려 "아주 잘하네"라며 아이를 격려해주는 것이 좋습니다. '의욕'이라는 건 결국 마음의 문제입니다. '지금 칭찬받은 거야? 그럼 한번 해볼까?' 하는 마음이 들게 하면 됩니다.

흔히들 의욕이 없으니까 못 하는 거라고 말하는데, 그건 선입견에 불과합니다. 보통 ①의욕이 있다 ②해본다 ③할 수 있게 된다는 순서로 생각하기 쉬운데 그게 아닙니다. 실제로는 ①해본다 ②할 수 있게 된다 ③의욕이 생긴다는 순서로 진행됩니다.

일을 잘하는 사람은 처음부터 의욕이 넘쳐서 일을 잘하는 게 아닙니다. 일단 시도해봤더니 그 일을 할 수 있게 되었고, 주위의 인정을 받게 되자 의욕이 생긴 것입니다.

예를 들어 철봉에서 거꾸로 매달리기를 할 때도 처음부터 "좋아! 해보자!" 하면서 의욕이 있었기 때문에 잘하는 게 아닙니다. 처음에는 잘 안 되더라도 일단 시도해보는 겁니다. 그렇게 연습하는 동안 부모는 "이번에는 땅을 아주 잘 찼어! 철봉 잡을 때 손동작도 완벽해!"라고 칭찬해주고, 마침내 아이가 성공했을 때는 "잘했어, 성공할 줄 알았어!" 하며 같이 기뻐하면 됩니다.

조금씩 실력이 좋아지면 철봉 놀이가 재미있어지고 더 잘하고 싶다는 마음이 생깁니다. '의욕'은 이런 식으로 만들어지는 것입니다.

참고로 "할 수 있잖아!"라는 말도 많이 하면 아이의 의욕을 떨어뜨릴 수 있습니다. 실제로 해봤다가 실패하면 자신이 무능력하다는 사실을 증명하게 되므로 차라리 도전하지 않는 쪽을 선택하게 되는 것입니다. 도전하지 않고 그냥 있으면 "아직 안 해봐서 못하는 거야"라고 말할 수 있는 여지가 생기기 때문입니다.

아이가 공부에
집중하지 못할 때

 집중하라고 했지!

 집중을 방해하는 요인을 제거한다.

'100칸 계산법'으로 유명한 교육자 가게야마 히데오 씨와 만난 자리에서 '공부는 왜 하는가?'라는 이야기가 나왔습니다. "집중하기 위해서"라는 가게야마 씨의 대답에 저는 절로 고개가 끄덕여졌습니다.

특히 초등학생에게 공부는 집중하기 위한 훈련이라고 해

도 과언이 아닙니다. 꿈을 이루기 위해 필요한 공부를 하거나 일을 할 때도 '집중'은 매우 중요합니다. 자기만의 무대에서 최고의 실력을 보여주려면 집중력이 꼭 필요합니다.

공부는 집중력을 쌓아가기 위한 훈련이라는 것을 모르는 부모들은 "애가 집중력이 없어서 공부를 못해요"라고 하소연합니다. 그 마음도 모르는 바는 아닙니다. 그렇지만 **"집중해!" 라고 잔소리한다고 해서 집중할 수 있는 건 아닙니다.**

집중하려면 환경을 정비해야 합니다. 집중을 방해하는 요인이 있으면 바로 제거해주어야 합니다. 책상 위에는 공부할 때 꼭 필요한 것만 올려두고, 만화책과 게임기도 눈에 안 보이게 해줍니다.

학원에 게이오대학을 목표로 공부하던 축구부 남학생이 있었습니다. "곧 월드컵이 시작되잖아요. 경기가 너무 보고 싶은데 어떡하죠? 보기 시작하면 시험공부는 눈에 안 들어올 거 같거든요." 이렇게 고민하는 그 학생에게 저는 주변 환경 정리를 제안했습니다.

그 남학생 방의 텔레비전에 테이프를 감아서 쉽게 뜯지 못하게 만들고, '이걸 뜯으면 시험에 떨어진다'라고 써붙이라고 했습니다.

원시적인 방법처럼 보일지라도 이렇게 하면 경기가 보고 싶어도 테이프 뜯는 게 귀찮아서 포기하게 됩니다. 텔레비전으로 눈을 돌릴 때마다 자신을 향한 메시지가 눈에 들어오기 때문에 '지금은 공부에 집중해야 한다'라고 마음을 다잡게 됩니다.

무심코 펼치게 되는 만화책도 상자에 넣어서 테이프를 단단히 감아두라고 일렀습니다. 유혹의 대상이 옆에 있으면 집중하기 어렵습니다.

아이가 집중을 못 하는 것 같으면 집중을 방해하는 요인을 제거하고 환경을 정리해주어야 합니다. 물론 아이의 동의를 얻는 게 먼저입니다.

"도대체 언제 정리할 거야!" 잔소리하고 싶을 때

 정리좀해!

 원래 있던 자리에 갖다놓을까?

아이가 어지르기만 하고 통 정리를 안 해서 "정리 좀 해!"라는 말을 입에 달고 사는 부모가 많습니다.

아이가 어느 정도 나이가 들면 정리하라고만 해도 알아듣겠지만 아직 어린아이에게는 그 말이 통하지 않습니다. 애초에 '정리'가 뭔지 모르기 때문입니다.

어린아이는 아직 단어의 경계선이 명확하지 않아서 제대로 분류하지 못합니다. 두 살짜리 둘째 딸에게 아내를 가리키며 "이 사람 누구야?"라고 물었더니 "엄마"라고 대답했습니다. 첫째 딸을 가리키며 이 사람은 누구냐고 묻자 "언니"라고 했습니다. 제가 누구인지 묻자 "대디"라고 하더군요. 여기까지는 아무 문제가 없었습니다. 그런데 반려견을 가리키면서 물었을 때도 역시 "대디"라고 하는 겁니다. 둘째 딸에게 저와 강아지는 같은 부류로 분류되어 있었나 봅니다.

어린아이에게 '정리'란 아주 어려운 말입니다. 엄마가 "정리해!"라고 세게 말하면 아이는 뭘 해야 할지 몰라서 당황하게 됩니다. 그런 아이에게 "왜 가만히 있어? 빨리 정리해!"라고 다그치는 행위를 반복하면 아이가 정리 자체를 힘들어하게 됩니다. 부모들이 서슴없이 내뱉는 말 중에 "정리 안 하면 갖다버린다!"도 있습니다. 구체적으로 무엇을 어떻게 '정리' 해야 하는지도 모르는 아이에게 그 말은 공포 그 자체입니다. 그 대신 "원래 있던 자리에 갖다놓을까?"라고 말해주면 아이가 머릿속으로 자신이 해야 할 일을 떠올릴 수 있습니다. 원래 있던 자리가 생각나지 않아서 우물쭈물할 수도 있으므로 처음 상태를 사진으로 찍어서 붙여두면 도움이 됩니다. "이 사진처럼 해봐"라고 하면 정리가 즐거워집니다. 퍼즐 맞추기처럼 정리도 놀이가 될 수 있습니다.

구체적으로 말하지 않으면
아이는 이해하지 못한다

 제대로 해야지.

 엄마(아빠)처럼 해봐.

아이들에게 "제대로 해야지"는 "정리해!"보다 더 이해하기 어려운 말입니다. 사실 '제대로'가 뭔지는 어른도 잘 모릅니다. 왜냐하면 각자가 생각하는 '제대로'가 일치하지 않기 때문입니다. 이런 상황을 언어학에서는 '시니피에가 일치하지 않는나'라고 합니다.

'시니피에'는 언어에 의해 표시되는 개념, '시니피앙'은 개념을 나타내는 언어적 기호를 말합니다. 예를 들어 '바다'가 '시니피앙'이라면 머리에 떠오르는 '하얀 모래사장과 파란 바다' '가파른 절벽과 거친 파도가 부서지는 바닷가'라는 이미지는 '시니피에'입니다. 시니피에는 사람마다 다르게 나타날 수 있습니다.

같은 언어를 쓰더라도 시니피에가 어긋나면 의도가 전달되지 않습니다. 그러므로 무턱대고 "제대로 해야지"라고 하기 전에 먼저 '제대로 하는 것'이 구체적으로 무엇을 어떻게 하는 건지 이미지를 공유해야 합니다. 가장 좋은 방법은 직접 시범을 보여주거나 영상을 보여주는 것입니다.

아이가 병원 대기실 바닥에 그림책을 펴놓고 뒹굴뒹굴하고 있습니다. 그럴 때는 "제대로 해야지!"라고 야단치지 말고 본을 보여주는 게 좋습니다. "엄마처럼 의자에 앉아서 무릎 위에 그림책을 올려놓고 봐야지"라거나 "저쪽에 앉아 있는 언니처럼 앉아봐"라고 말해주면 아이는 어떻게 해야 하는지 바로 이해할 수 있습니다.

"여기 물이 들어 있는 페트병이 있습니다. 페트병의 물을 컵에 따라본 적이 없는 사람에게 물 따르는 방법을 가르쳐준다고 생각하고 한번 설명해보세요." 그러면 대부분은 이렇게 말합니다. "먼저 페트병 뚜껑을 열어주세요. 그다음에 페트병을 비스듬히 기울여서 컵에 물을 부으면 됩니다." 직접 해보면 간단한 일이라도 한 번도 해본 적 없는 사람에게는 이 정도 설명으로 전달되지 않습니다.

저는 이렇게 설명합니다. "먼저 물이 들어 있는 투병한 용기를 봐주세요. 이제 당신이 평소에 자주 쓰는 손의 반대쪽 손을 내밀어주세요. 그 손으로 용기의 중간 부분을 꽉 잡아주세요. 용기를 가슴 앞까지 끌어당깁니다. 그런 다음 자주 쓰는 손을 용기 맨 위에 올려주세요. 그 부분을 잡아보세요. 거기 뚜껑이 있을 것입니다. 그 뚜껑을 분리시킨다는 생각으로 반시계 방향으로 360도 이상 돌려주세요…." 이렇게 자세히 설명해주지 않으면 상대방은 이해할 수 없습니다.

아이에게 도와달라고 부탁할 때도 시니피에가 어긋나지 않도록 하는 게 중요합니다. "15분 후에 집에서 나가야 하니까 도와줘"라고 하면 아이는 뭘 해야 할지 모릅니다. '곤충들 먹이가 충분한지 보고 오면 되겠지?'라고 생각해서 상자를 열게 되면 엄마가 해야 할 일이 더 늘어날 수도 있습니다.

그럴 때는 "외출하기 전에 창문을 닫고, 준비물도 챙겨야 하는데, 엄마는 지금 옷을 갈아입어야 하거든. 넌 뭘 하면 좋을까?" "○○이 창문도 닫고 준비물도 챙겼으면 좋겠어. 준비물은 어떤 게 필요하지?"라고 미리 알려주면 시니피에가 어긋나는 것을 막을 수 있습니다.

스스로
깨닫는 힘을 키운다

 도대체 왜 그러니?

 그건 옳지 않아.

"도대체 왜 그러니?"는 무의미한 질문입니다. 질문하는 사람도 '그렇게 하는 이유'를 알고 싶은 게 아닙니다. "그렇게 하는 건 이상하다"라고 다그치고 싶을 뿐입니다.

"그것도 못 하니?"도 마찬가지입니다. 뭔가 대답을 기대하면서 던지는 질문이 아니므로 상대방은 미안해하며 고개를

숙일 수밖에 없습니다.

대답할 수 없는 질문은 안 하는 게 좋습니다.

저는 학원 강사들을 대상으로 강의할 때 "'어디가 이해 안 되는데?'라는 질문은 하면 안 된다"라고 강조합니다. 이것도 대답할 수 없는 질문이기 때문입니다. 이해 안 되는 부분을 명확하게 설명할 수 있는 아이는 별로 없습니다. 사람은 대답할 수 없는 질문을 받으면 이중 구속 상태에 놓였을 때처럼 당황해서 안절부절못하게 됩니다.

아이가 잘못하면 "도대체 왜 그러니?"라고 하지 말고 "그건 옳지 않아"라고 말해주면 됩니다. "쓰레기를 함부로 버리는 건 나쁜 행동이야. 쓰레기는 쓰레기통에 버려야지"라고 알려줄 때처럼 그렇게 말입니다.

'나'를 주어로 말하기

여기서 포인트는 '나 전달법I-Message'으로 말하는 것입니다. '나 전달법'이란 내가 주어인 메시지입니다. "(나는) 길에 쓰레기를 버리면 안 된다고 생각해"라는 문장은 말하는 사람이 주어가 되어 자신의 기분과 생각을 전달하고 있습니다. 반대로 '너 전달법'은 주어 자리에 너를 넣어 "(너는) 길에 쓰레기를 버리면 안 돼!'라고 하는 식입니다.

'너 전달법'은 듣는 사람에게 반발심이 들게 하는 경향이 있습니다. 상사가 "서류 정리 좀 해"라고 너 전달법으로 말하면, 부하 직원은 '지금 정리하려고 했다고요! 자기 책상도 지저분한 주제에!'라며 거부감을 보이기 쉽습니다.

같은 상황에서 상사가 "자네가 서류를 잘 정리해놓으면 (내) 마음이 편해"라고 말했다고 가정해봅시다. 상사가 자기 생각을 말했을 뿐이므로 부하 직원도 굳이 부정하고 싶은 마음은 들지 않을 것입니다. 만약 자기 생각과 다르면 "나는 이렇게 생각합니다"라고 자기 의견을 전달할 겁니다. "도대체 왜 그러니?"라며 다그칠 때보다 상대방의 생각을 들을 수 있는 기회가 많아집니다.

"길에 쓰레기를 버리면 안 된다고 생각해"라는 말을 들었을 때 자신도 '그렇지, 그건 좋지 않지'라는 생각이 들면 스스로 쓰레기를 주워서 쓰레기통에 버립니다. 이건 명령에 복종한 게 아니라 스스로 선택해서 한 행동입니다. 어쩌면 아이에게서 "나도 그렇게 생각하지만, 이건 쓰레기가 아니에요. 친구가 선물로 준 마법의 씨앗이거든요. 그러니까 길가에 뿌려야 해요"라는 재미있는 의견을 들을 수 있을지도 모릅니다.

마치며

이 책에서는 습관적으로 쓰는 말이지만 절대로 쓰면 안 되는 말에 관해 이야기했습니다.

'그렇구나, 이제 그런 말은 안 해야지'라고 결심하더라도 무의식적으로 또 써버릴 수 있는 말들입니다. 그렇다고 너무 자책하지는 마세요. 실수는 누구나 하는 법입니다.

"아까는 그렇게 말해서 미안하다. 상처받았지?"

"자꾸 안 된다고 해서 미안해. 다음에는 네가 원하는 대로 하게 해줄게."

잘못했을 때는 얼른 사과하면 됩니다. 사람은 완벽하지 않기 때문에 실수할 수 있습니다. 실수는 조금씩 고쳐 나가면 됩니다.

설령 사과를 할 수 없는 상황이라 하더라도 그 문제에 필요 이상으로 얽매일 필요는 없습니다. '또 똑같은 실수를 하고 말았어. 난 정말 구제 불능이야'라는 생각이 자신을 가두는 금지령이 될 수 있기 때문입니다.

현대 사회에서 양육을 더 힘들게 만드는 요인 중 하나는 핵가족화입니다. 지역과 친족과의 관계가 소원해진 만큼 엄마 아빠, 혹은 둘 중 한쪽이 매일매일 아이와 마주하면서 육아 스트레스를 겪고 있습니다.

무리하다가 한계를 느꼈을 때, 아이와의 신뢰 관계가 무너졌다는 생각이 들 때, 그럴 때는 망설이지 말고 제삼자의 도움을 받는 것이 좋습니다. 가족 문제는 가족 내에서 해결해야 한다는 강박에서 벗어나야 합니다.

할아버지 할머니와 같이 사는 것도 하나의 방법입니다. 그렇게 해서 새로운 문제가 발생할 수도 있지만, 아이를 함께 돌봐줄 사람이 생기면 육아에서 느끼는 피로도가 한층 줄어듭니다.

중요한 시험을 앞두고 압박감에 시달릴 때 "그렇게 부담 느낄 필요 없어. 이렇게 착하고 건강하게 자랐는걸. 지금 이대로도 충분해"라고 말해주는 사람이 옆에 있다면 마음이 한결 편안해질 것입니다.

전문가, 정치인, 관공서의 힘을 빌리는 것도 효과적인 방법입니다. 외부인이 개입하기만 해도 문제가 간단히 해결되는 경우도 있기 때문입니다.

앞에서 이야기했듯이 아이와 원만한 관계를 유지하기 위해서는 그림책 읽어주기 등을 통해 아이가 뭘 해도 예쁘고 아이의 잠든 얼굴을 보기만 해도 행복했던 시절을 떠올릴 수 있는 시간을 의도적으로 만드는 것이 좋습니다. 아이가 고등학생이더라도 말입니다. 아이와 함께 비눗방울 놀이를 한다거나 곤충 채집을 해보는 것도 좋습니다. 그 시간을 통해 서로의 애정을 회복하고 위로받을 수 있을 것입니다.

인공지능과 세계화로 두드러지는 문제

격변하는 세상을 살아가며 불안감이 커질수록 '육아와 교육은 본질로 돌아가야 한다'라는 것을 말하고 싶었습니다. 육아가 예전보다 더 힘들어진 건 사실입니다. 그러므로 우리는 의식을 바꿔야 합니다. 이대로 흐름에 몸을 맡기고 있으면 아이의 가능성을 키워줄 수 없습니다.

변화의 키워드는 '인공지능'과 '세계화'입니다.

마지막으로 한번 짚고 넘어가겠습니다.

인공지능을 탑재한 로봇을 개발할 수 있는 시대가 도래했다는 건 간단히 말해 사람이 아무것도 안 해도 되는 시대가 왔음을 의미합니다. 과거 산업혁명으로 기계가 사람 대신 일하기 시작하고 작업의 분업화가 이루어지면서 우리는 장시간의 노동에서 해방되었습니다. 물론 단기적으로 실업자가 늘어나긴 했지만, 살기 편해졌다는 사실은 부인할 수 없습니다. 또한 인공지능과 로봇의 시대가 펼쳐질 것입니다. 일하지 않고도 살아갈 수 있게 된다는 뜻입니다.

그렇게 되면, '한 인간으로서 어떻게 살아갈 것인가'라는 문제가 지금보다 더 중요해집니다. 남는 시간이 늘어나고 인간관계도 더 농밀해질 것입니다. 자녀 교육, 타인과의 커뮤니케이션에 대해서도 원점으로 돌아가 다시 생각해야 합니다. 인공지능과 로봇이 활약하면 할수록 원점으로 돌아가 어떻게 살아야 할지 고민해야 합니다. 더 이상 '너무 바빠' '일해야 해'라는 핑계를 댈 수 없게 되면, 결국 '어떻게 살아갈 것인가'라는 질문과 맞닥뜨리게 될 것입니다. 어쩌면 가족의 개념도 다시 정의 내려야 할지 모릅니다.

또 하나, '세계화'가 '상식'을 바꾸고 있습니다. 지금도 우리의 '상식'이 외국에서는 통용되지 않는 경우가 많습니다.

식사 예절만 보더라도 일본에서는 밥그릇을 손에 들고 먹는 것이 예의 바른 행동이지만, 한국에서는 반대입니다. 한국에서 밥그릇을 들고 먹으면 아주 예의 없는 사람으로 보입니다. 일본에서는 귀여운 아이를 보면 머리를 쓱쓱 쓰다듬어주지만 인도네시아에서는 그렇게 하면 안 됩니다. 일본인은 손으로 입가를 가리고 웃는 사람이 많은데, 그런 행동이 외국인의 눈에는 수상해 보일 수도 있습니다.

이렇듯 국가와 문화에 따라 상식은 얼마든지 달라질 수 있습니다. 그러므로 '내가 살아봐서 아는데'라며 부모의 생각을 아이에게 강요하는 것은 바람직하지 않다는 것을 명심하시기 바랍니다.

자국의 문화와 기본예절은 가르쳐야겠지만, 부모가 아이의 미래를 예측해서 완벽하게 가이드해줄 수 없다는 것을 이제는 이해했으리라 믿습니다. 아이에게 길을 가르쳐주려고 하지 말고 스스로 길을 찾을 수 있도록 지켜봐주세요.

아이와 함께 모험을 떠나자

부모가 아이에게 줄 수 있는 것은 '가르침'이 아닙니다. '가르쳐야 한다' '교육해야 한다'라는 부담감이 육아를 더 힘들게 만듭니다. 가르쳐야 한다고 생각하면 할수록 자기 자신뿐 아니라 아이까지 구렁텅이에 빠뜨릴 수 있습니다.

부모도 완벽하지 않다는 사실을 받아들이고 육아에서 어느 정도 손을 뗄 것을 추천합니다. 앞으로 10년 후, 20년 후가 어떻게 될지는 아무도 모릅니다. 그렇기에 더더욱 불확실한 시대를 '아이와 함께 모험하는 기분'으로 살아가려는 자세가 필요합니다.

아이의 믿음직한 길동무가 되고 싶다면, 지금까지 자신이 아이를 대했던 방식을 돌아보며 앞으로 나아갈 방향을 고민해보는 것이 핵심입니다. 저 역시 그런 마음으로 아이들과의 모험을 즐기고 싶습니다.

끝까지 읽어주셔서 대단히 감사합니다.

이 책을 읽어주신 분들은 저와 같은 방향으로 걸어가는 동료라고 생각합니다. 함께 힘을 모아 밝은 미래를 만들어갈 수 있기를 기대합니다.

참고문헌

『학년 꼴찌 여학생이 1년 만에 편차치를 40 올려 게이오대학에 합격한 이야기』(쓰보타 노부타카 지음, 가도카와)

『재능의 정체』(쓰보타 노부타카 지음, 겐토샤)

『부모의 말, 아이의 뇌』(데이나 서스킨드 외 지음, 최다인 옮김, 부키)

『어린이와 돈』(다카하시 노보루 지음, 야마모토 도시야 엮음, 도쿄대학출판회)

『마음의 생태학』(그레고리 베이트슨 지음, 박대식 옮김, 책세상)

『요시모토 흥업의 약속』(오사키 히로시, 쓰보타 노부타카 지음, 분게이이슌주)

KI신서 11246

잔소리 육아에서 벗어나는 엄마의 말잘법

1판 1쇄 인쇄 2023년 12월 4일
1판 1쇄 발행 2023년 12월 18일

지은이 쓰보타 노부타카   **옮긴이** 김지연
펴낸이 김영곤
펴낸곳 ㈜북이십일 21세기북스

콘텐츠개발본부이사 정지은
J-CON팀 팀장 박지석
출판마케팅영업본부장 한충희
마케팅2팀 나은경 정유진 박보미 백다희 이민재
해외기획실 최연순
출판영업팀 최명열 김다운 김도연
제작팀 이영민 권경민
디자인 STUDIO BEAR

출판등록 2000년 5월 6일 제406-2003-061호
주소 (10881) 경기도 파주시 회동길 201(문발동)
대표전화 031-955-2100 **팩스** 031-955-2151 **이메일** book21@book21.co.kr

(주)북이십일 경계를 허무는 콘텐츠 리더

21세기북스 채널에서 도서 정보와 다양한 영상자료, 이벤트를 만나세요!
페이스북 facebook.com/jiinpill21   포스트 post.naver.com/21c_editors
인스타그램 instagram.com/jiinpill21   홈페이지 www.book21.com
유튜브 youtube.com/book21pub

서울대 가지 않아도 들을 수 있는 명강의! 〈서가명강〉
'서가명강'에서는 〈서가명강〉과 〈인생명강〉을 함께 만날 수 있습니다.
유튜브, 네이버, 팟캐스트에서 '서가명강'을 검색해보세요!

ⓒ 쓰보타 노부타카, 2023
ISBN 979-11-7117-201-6 03370